3秒以内で言える

ハングンマル
韓国語
ひとこと練習帳

閔ソラ　あんざい由紀恵

新星出版社

はじめに

　今、日本では第4次韓流ブーム。社会現象が起きています。さらに世界的にもK-POPの人気が急上昇しています。そして、インターネットやスマホを使うことで、韓国に直接行かなくても、SNSや動画、放送（ドラマ、バラエティ番組など）を通して気軽に韓国に接することができるようになりました。このような状況の中、韓国語を勉強したい、韓国語を使ってみたいというニーズも高くなったと感じておりますが、韓国語を習得するようになるまでは時間がかかり、なかなか難しいのも事実です。

　私たちのまわりのK-POPのファン活動をしている人たちは、日常的にSNSを見たり、動画や放送を視聴しています。そんなときに実際に使われているフレーズやファン同士のコミュニケーションに役立つフレーズを集めたらおもしろくて便利ではないかという考えから、本書は生まれました。さらに本書では各フレーズを使う状況や背景についても一緒に紹介しています。楽しく読むうちに負担なくフレーズを覚え、韓国の文化も自然に学ぶことができるように心がけました。

　また、日本人が言いたいフレーズだけでなく、韓国人が自然に使うフレーズを中心に、多少文法的には正しくないとしても実際にはたくさん使われているフレーズも盛りこみました。しかも「スラスラ言えて、かんたんに覚えられるフレーズ」だけを厳選しています。そのため、実際韓国に旅行に行ったときはもちろん、さまざまな場面でも役立つことでしょう。韓国人と一気に距離を縮めることもできると思います。

　皆様がお好きな韓国文化を楽しむ際に、本書をお役立ていただければ幸いです。

閔ソラ　あんざい由紀恵

本書の特長と使い方

本書は K-POP やドラマ、ファッションで世界を席巻している韓国にひかれ、韓国語でコミュニケーションをしたいと思っている方に向けたフレーズ集です。一般的な汎用性の高いフレーズだけでなく、ファン活動で推しに伝えたいメッセージ、SNS でよく使われる言葉、旅先で便利な会話などを満載しています。言いたい言葉を書き留めるスペースやポイント会話、なりきり会話など、韓国語の世界を楽しんでいただけるよう、さまざまに工夫しています。

> 用途・場面別のフレーズページでは、「よく見る、よく聞く」「使ってみたい」「伝えたかった」というフレーズをたくさん紹介しています。

音声を
再生するサイトへ
アクセスできる
QRコード。

紫のマーカーは、まずはこれを
覚えたいという定番フレーズ。

返事のフレーズ
〜〜の部分は、
単語を入れ替えると
いろいろなことが
言えます。

韓国語には
わかち書きごとに
カタカナで読み方を
つけています。

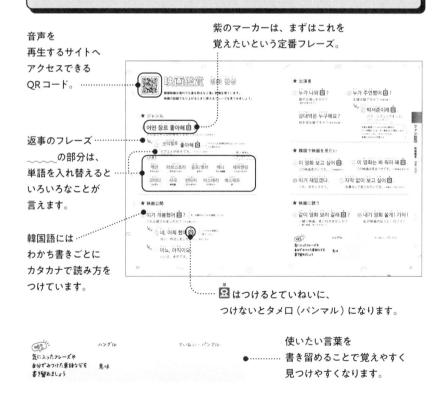

🔳 はつけるとていねいに、
つけないとタメ口（パンマル）になります。

気に入ったフレーズや
自分でみつけた単語などを
書き留めましょう

ハングル

ていねい・パンマル

意味

使いたい言葉を
●・・・・・・・・・・・書き留めることで覚えやすく
見つけやすくなります。

ヨマル

이 말（この言葉）をアレンジした言葉。이を요と発音すると韓国語ではかわいい印象になります。学習書には載っていないけれど韓国で実際によく使われている言い方を紹介しています。音声は最後にまとめて収録しています。

パンマル

カジュアルで初対面や目上の人には使えない言葉。

 요をつけるとていねいになるとき

 パンマルだけの表現

「距離が縮まる！ ポイント会話」では会話を通じてコミュニケーションに必要な文化理解を深めることができます。

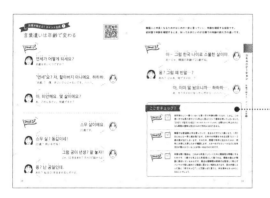

ポイント1～3で
会話している人たちの距離が
縮まったり、話題についての
理解が深まったりしていきます。

それぞれのポイントを
解説しています。

「書いて覚える　なりきり会話」では場面に合うフレーズを書いてみましょう。実際に手を動かすことで覚える助けになります。

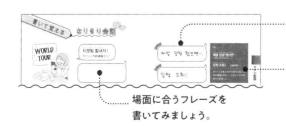

解答例をネイティブの
手書きで見てみましょう。

解答例の打ち文字とカタカナ読みのほか、ワンポイントアドバイスを記しています。

場面に合うフレーズを
書いてみましょう。

Contents 목차

ハングルに挑戦！

コミュニケーション

ファン活動

SNS

旅行

ハングルに挑戦！

ハングルは見慣れないうち、どの文字が何かの見分けがつかないかもしれません。しかし、とても合理的に作られているので、覚えるのはそう難しいことではありません。ここでは、文字の構成と基本的な文の作りを見ていきましょう。

韓国語は学びやすい！

韓国語とハングル

韓国語（한국말、한국어）は、韓国と北朝鮮の国語で、ハングル（한글）は、韓国말を表記する文字を指します。한국말はすべて한글で表記し、意味の切れ目がわかりやすいように、言葉の区切りに空白を入れるわかち書きをします。

韓国語が学びやすい3つの理由

❶ 日本語と語順が同じ！

한국말は基本的に日本語と同じ、主語 ➡ 目的語 ➡ 述語の語順を持ち、助詞があるので、ほとんどの場合、日本語で考えてそれに対応する言葉と助詞を한국말に変えるだけで話すことができます。

| 저（チョ）
私 | 는（ヌン）
は | 오빠（オッパ）
オッパ | 를（ルル）
を | 사랑（サラン）
愛 | 해요.（ヘヨ）
しています。 |

❷ 漢字語の発音が似ている！

日本と同じ漢字文化圏に属しているので、漢字語の割合が高く（한국말の語彙の約7割）、漢字語の発音が似ているため覚えやすいです。

가구（カグ）家具　무료（ムリョ）無料　요리（ヨリ）料理　부분（ブブン）部分　간단（カンダン）簡単　고속도로（コ ソク ト ロ）高速道路　차（チャ）茶　준비（チュン ビ）準備　약속（ヤクソク）約束

❸ すぐ読める！

40個の子音と母音から成る한글さえ覚えれば、한국말はすべて読むことができます。また、한글の子音はその音を発音するときの舌や口の形から作られていて、母音は線と点を使って規則的に作られているため、それを考えながら学習すると簡単に覚えることができます。

ていねい語とタメ口 パンマル

本書ではていねい語（요体）を中心に、
シチュエーションに合ったリアルな韓国語を集めました。
韓国は言葉遣いにシビアなところがありますので、使い分けにご注意ください。

ていねい語

　요体は、初対面の人、年上の人へ使って失礼のない話し方になります。こちらの言い方を基本に覚えてください。
　よりていねいな言い方に합니다体といわれる表現があります。年上の人、先生や上司など目上の人に失礼のない話し方です。

パンマル

　パンマル（반말）は直訳すると「半分の言葉」で、タメ口とも言われるぞんざいな言葉のことです。友達や年下の人にしか使えません。目上の人に使うととても失礼になりますので、使う相手には十分注意してください。

ヨマル（요말）について

　これは本書独自の用語で、若者言葉、俗語、新造語、流行語、略語などの中で、比較的長い間広く使われ、もはや正しい表現・元の表現よりもよく使われるものを指しています。正しい表現・元の表現では、ヨマルが持つ表現効果やヨマルが表す意味を十分に表せません。辞書には載っていませんが、韓国人と話すときに使うと、一気に距離を縮めることができるおもしろい表現なので、ぜひ使ってみてください。

ハングルに親しもう！

한글は母音と子音をローマ字のように組み合わせて文字を作ります。

母音

한글の母音は、以下のように基本母音10個と複合母音11個の計21個あります。複合母音は基本母音を組み合わせて作ったものです（母音の下のカタカナは、最も近い日本語の音です）。

基本母音

ㅏ	ㅑ	ㅓ	ㅕ	ㅗ	ㅛ	ㅜ	ㅠ	ㅡ	ㅣ
ア	ヤ	オ	ヨ	オ	ヨ	ウ	ユ	ウ	イ

複合母音

ㅐ	ㅒ	ㅔ	ㅖ	ㅘ	ㅙ	ㅚ	ㅝ	ㅞ	ㅟ	ㅢ
エ	イェ	エ	イェ	ワ	ウェ	ウェ	ウォ	ウェ	ウィ	ウィ

　母音は基本的に線（長い線）と点（短い線）から成っていますが、長い線が縦に長いか横に長いかによって、子音との組み合わせ方が変わります（14ページ参照）。

　母音はすべて単独で発音できますが、完成した1つの文字として書くときは、音がないという意味の子音「ㅇ」とともに아、야、으、이のように書きます。

発音するときの注意点！

① ㅓとㅗ

ㅓはㅗより口を大きく開きます。
ㅗは口を小さく前に出して発音します（ㅕとㅛも同様）。

② ㅜとㅡ

ㅜは口を小さく前に出して、
ㅡは口を横に長く開いて発音します（ㅠとㅡも同様）。

③ ㅐとㅔ

2つは同じ発音だと
考えてけっこうです（ㅒとㅖも同様）。

④ ㅙとㅚとㅞ

3つは同じ発音だと
考えてけっこうです。

子音

　한글の子音は、以下のように基本子音10個と激音4個、濃音5個の計19個あります。激音は基本子音のㄱ(k)ㄷ(t)ㅂ(p)ㅈ(ch)を「強い息とともに」激しく発音する音で、ㄱ(k)ㄷ(t)ㅂ(p)ㅈ(ch)に点（短い線）を1つ加えたり少し形を変えたりして書きます。濃音は基本子音のㄱ(k)ㄷ(t)ㅂ(p)ㅅ(s)ㅈ(ch)を「息を詰めてから」濃く（強く）発音する音で、ㄱ(k)ㄷ(t)ㅂ(p)ㅅ(s)ㅈ(ch)を2つずつ重ねて書きます。子音は単独では発音できず、必ず母音と組み合わせて発音します。

基本子音

ㄱ	ㄴ	ㄷ	ㄹ	ㅁ	ㅂ	ㅅ	ㅇ	ㅈ	ㅎ
k/g	n	t/d	r (l)	m	p/b	s	無音	ch/j	h

激音

ㅋ	ㅌ	ㅍ	ㅊ
k	t	p	ch

濃音

ㄲ	ㄸ	ㅃ	ㅆ	ㅉ
kk	tt	pp	ss	jj

発音するときの注意点！

① ㄱ、ㄷ、ㅂ、ㅈ

語や文の始めに位置するときはk、t、p、chの音で発音しますが、
それ以外に位置するときはg、d、b、jの音で発音します。
32ページに登場する「ジュン」が「준」と書いて「チュン」と発音するのはこのためです。

② 받침

子音と母音の組み合わせの下にもう1つの子音が位置するとき、
この下の子音を받침といいます（子音2つから成る場合もあります）。
ㄷ、ㅅ、ㅈ、ㅎ、ㅌ、ㅊ、ㅆが받침の場合は「ッ」と発音し、ㄱ、ㅋ、ㄲは「kク」、ㄴは「nン」、ㄹは「lル」、
ㅁは「mム」、ㅂ、ㅍは「pプ」、ㅇは「ngン」の音で発音します。
本書では받침の音を便宜上小さくク、ルのように表記していますが、
実際には母音を含まない音です（すべてのカタカナはあくまでもガイドだと思ってください）。

文字の仕組み

한글は子音と母音を組み合わせて1つの文字を作ります。組み合わせ方には以下の4種類があります。

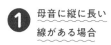

❶ 母音に縦に長い線がある場合

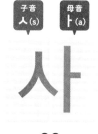

sa

❷ 母音に横に長い線がある場合

o

❸ 母音に縦に長い線も横に長い線もある場合

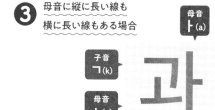

koa

❹ 받침（下の子音）がある場合

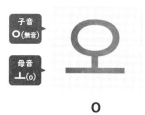

sang
（**❶**＋パッチム）

on
（**❷**＋パッチム）

発音（音変化）のルール

한글は子音と母音の組み合わせ1文字1音で発音しますが、単語や文の中では文字通りに発音されず、音変化が起こります。変わるのは発音だけで文字は変わりませんが、ここでは便宜上、変化する発音も文字化して表します。

音がつながる

받침のある文字の次に母音で始まる文字が来ると、받침の子音の音が次の母音とつながって発音されます。

例「食べました」

먹＋었＋어＋요 の発音

☞ 머거써요

激音になる

받침のㄱ、ㄷ、ㅂ、ㅈで終わる文字の次にㅎで始まる文字が来るとき、逆に받침のㅎで終わる文字の次にㄱ、ㄷ、ㅂ、ㅈで始まる文字が来るときは、ㄱ、ㄷ、ㅂ、ㅈの音とㅎ（息）の音が合体し、息の強い激音ㅋ、ㅌ、ㅍ、ㅊで発音します。

例「おめでとうございます」

축＋하＋해＋요 の発音

☞ 추카해요

ㅎが弱くなる・なくなる

ㅎが語や文の始めに位置する場合（例：하나）はきちんとhの音で発音しますが、それ以外の場合（例：사랑해 愛してる）はhの音が弱くなり、ほぼ無音に近くなる（母音だけ発音する）ことがあります。また、받침のㅎで終わる文字の次に母音で始まる文字が来ると、받침のㅎは発音しません。

例「こんにちは」

안＋녕＋하＋세＋요 の発音

☞ 안녕하 ／ 아세요

「いいです」

좋＋아＋요 の発音

☞ 조아요

鼻音になる

받침のㄱ、ㄷ、ㅂで終わる文字の次にㄴ、ㅁで始まる文字が来ると、받침ㄱ、ㄷ、ㅂをそれぞれ鼻音ㅇ(ng)、ㄴ(n)、ㅁ(m)で発音します。

例「韓国語」

한＋국＋말 の発音

☞ 한궁말

濃音になる

받침ㄱ、ㅋ、ㄷ、ㅅ、ㅈ、ㅌ、ㅊ、ㅆ、ㅂ、ㅍで終わる文字の次にㄱ、ㄷ、ㅂ、ㅅ、ㅈで始まる文字が来ると、받침で音が詰まり、その次のㄱ、ㄷ、ㅂ、ㅅ、ㅈを濃音ㄲ、ㄸ、ㅃ、ㅆ、ㅉで発音します。

例「はじめまして」

처＋음＋뵙＋겠＋습＋니＋다 の発音

☞ 처음뵙껟씀니다

名前を書いてみよう！

五十音を한글で表記しています。

あ	か	が	さ	ざ	た	だ	な	は	ば	ぱ	ま	や	ら	わ
아	가/카	가	사	자	다/타	다	나	하	바	파	마	야	라	와
い	き	ぎ	し	じ	ち	ぢ	に	ひ	び	ぴ	み		り	
이	기/키	기	시	지	지/치	지	니	히	비	피	미		리	
う	く	ぐ	す	ず	つ	づ	ぬ	ふ	ぶ	ぷ	む	ゆ	る	
우	구/쿠	구	스	즈	쓰(츠)	즈	누	후	부	푸	무	유	루	
え	け	げ	せ	ぜ	て	で	ね	へ	べ	ぺ	め		れ	
에	게/케	게	세	제	데/테	데	네	헤	베	페	메		레	
お	こ	ご	そ	ぞ	と	ど	の	ほ	ぼ	ぽ	も	よ	ろ	を
오	고/코	고	소	조	도/토	도	노	호	보	포	모	요	로	오

っ ☞ 받침에 人　㋕ にった ☞ 닛타

ん ☞ 받침에 ㄴ　㋕ けん ☞ 겐

長音 ☞ 表記しない　㋕ おおた ☞ 오타 （下の例の「しょう」の「う」も同様）

や ゆ よ ☞ 子音（13ページ）＋ ㅑ ㅠ ㅛ　㋕ しょう ☞ 쇼

か行　た行 ☞ 語の始めは左側、それ以外は右側のハングルを使う

㋕ かが ☞ 가가　　おか ☞ 오카

私の名前 ひらがな
_____

한글
_____

コミュニケーション

外国の人から自国の言葉であいさつされるとうれしい
ものですよね。ここでは、あいさつやお礼、返事やお
詫びの言葉など、かんたんで超基本的な韓国語を用途
別に集めています。ここからコミュニケーションの第
一歩を踏み出しましょう。

あいさつ 인사
インサ

あいさつは親しくなるための第一歩。「こんにちは」「さようなら」の
ほか少し親しくなったら言ってみたい一言までを紹介します。

★ 朝昼晩いつでも

アンニョ～ンと少しのばすと
バイバイとしても使える。

안녕하세요?
アンニョンハセヨ

朝昼晩、いつでも使える
会ったときのあいさつの言葉。

こんにちは。(おはようございます／こんばんは)

 **안녕?** アンニョン　**안뇽?** アンニョン

こんにちは。

★ 朝

좋은 아침이에요.
チョウン　アチミエヨ

「グッドモーニング
（良い朝）」の韓国語訳。
職場で使うイメージが強い。

おはようございます。

잘 잤어요?
チャル　ジャッソ　ヨ

よく眠れましたか？
(よく眠れた？)

★ 初対面

처음 뵙겠습니다.
チョウム　ブェブケッスムニダ

はじめまして。

반갑습니다.
バンガプスムニダ

お会いできてうれしいです。

잘 부탁합니다.
チャル　ブタカムニダ

よろしくお願いします。

잘 부탁해요!
チャル　ブタケ　ヨ

よろしくお願いします！(よろしく！)

★ 久しぶり

간만이다.
カンマニダ

오랜만이에요.
オレンマニエヨ

お久しぶりです。

오랜만이네!
オレンマニネ

久しぶり！

오래간만이에요.
オレガンマニエヨ

久しぶりです。

（パンマル）**잘 지내요?**
チャル ジネ ヨ

お元気ですか？（元気?）

（パンマル）**잘 지냈어요?**
チャル ジネッソ ヨ

お元気でしたか？（元気だった?）

（返事）（パンマル）**네, 잘 지내요.**
ネ ジャルジネ ヨ

はい、元気です。（元気）

（返事）（パンマル）**네, 잘 지냈어요.**
ネ ジャルジネッソ ヨ

はい、元気でした。（元気だった）

パンマルでは「네 ネ(はい)」
ではなく、「응.ウン(うん)」。

（パンマル）**요즘 어떻게 지내요?**
ヨジュム オットケ ジネ ヨ

最近どうしてますか？（どうしてる?）

（パンマル）**어떻게 지냈어요?**
オットケ ジネッソ ヨ

どうしていましたか？（どうしてた?）

（返事）（パンマル）**뭐, 그냥저냥 지냈어요.**
ムォ グニャンジョニャン ジネッソ ヨ

まあまあ元気です。（まあまあ元気だよ）

（パンマル）**밥 먹었어요?**
バム モゴッソ ヨ

{ ご飯を食べていれば元気だという考えから「お元気ですか?」のように使う。

ご飯食べましたか？（ご飯食べた?）

（返事）（パンマル）**네, 먹었어요.**
ネ モゴッソ ヨ

{ パンマルでは「응.ウン(うん)」。

はい、食べました。（うん、食べたよ）

（返事）**아뇨, 아직이에요.**
アニョ アジギエヨ

いいえ、まだです。（ううん、まだだよ）

メモ

気に入ったフレーズや
自分でみつけた単語などを
書き留めましょう

ハングル	ていねい・パンマル
意味	

★ おやすみなさい

안녕히 주무세요.
〔アンニョンヒ ジュムセヨ〕
{ 目上の人に使える ていねいな言葉。
おやすみなさい。

〔パンマル〕 **잘 자요.**
〔チャルジャ ヨ〕
おやすみなさい。（おやすみ）

★ さようなら

안녕히 계세요.
〔アンニョンヒ ゲセヨ〕
{ 直訳は「安寧にいてください」。
相手がその場にとどまり、
自分が去るときに使う。
さようなら。

안녕히 가세요.
〔アンニョンヒ ガセヨ〕
さようなら。

{ 直訳は「安寧に
行ってください」。
自分がその場にとどまり、
相手が去るときに使う。

〔パンマル〕 **잘 가요.**
〔チャル ガ ヨ〕
{ 相手がその場を去るときに使う。自分が去るときは
「잘 있어(요).チャリッソ(ヨ)」「갈게(요).カルケ(ヨ)」などと言う。
ではまた。（じゃあね／バイバイ）

{ 直訳で「또ト」は「再び」、「다음에 タウメ」は「次に」。
どちらも再会を意味してよく使われる。
特に使い分けはない。

〔パンマル〕 **또 봐. / 또 보자.**
〔ト ブァ ト ボジャ〕
またね。 ※相手が去るか自分が去るかは関係ない。

다음에 봐. / 다음에 보자.
〔タウメ ブァ タウメ ボジャ〕
またね。 ※相手が去るか自分が去るかは関係ない。

★ バリエーション

〔パンマル〕 **맨날 너무 덥네요.**
〔メンナル ノム ドムネ ヨ〕
{ 「毎日」は他に
「매일 メイル」があり、
文章の場合によく使う。
毎日暑いですね。（毎日暑いね）

〔パンマル〕 **추워졌네요.**
〔チュウォジョンネ ヨ〕
寒くなりましたね。
（寒くなったね）

{ 相手に同意を求めるときは
「추워졌죠.チュウォジョッチョ」。

〔パンマル〕 **더워 죽겠다.**
〔トゥォ ジュッケッタ〕
{ このように「다タ」で終わる
言い方の多くは独り言。
暑くて死にそう。

〔パンマル〕 **추워 죽겠어요.**
〔チュウォ ジュッケッソ ヨ〕
{ こちらの言い方は相手に
伝える言い方。
寒くて死にそうです。（寒くて死にそうだね）

★ 職場で

수고하세요.
（スゴハセヨ）

お疲れさまです。※まだ作業中の人へ。

수고하셨습니다.
（スゴハショッスムニダ）

お疲れさまでした。※作業が終わった人へ。

★ 行ってきます

다녀오겠습니다.
（タニョオゲッスムニダ）

行ってきます。

> かしこまった言い方。上司など目上の人に使う。

> 左のフレーズより親しい間柄で使われる。友達や年下に使うときは、さらに「요ヨ」を取って使われる。

(パンマル) **다녀올게요.**
（タニョオルケ ヨ）

行ってきます。（行ってくるね）

(パンマル) **갔다올게요.**
（カッタオルケ ヨ）

行ってきます。（行ってくるね）

> 直訳は「（よく）行ってらっしゃい」。

(返事) **다녀오세요.**
（タニョオセヨ）

行ってらっしゃいませ。

(パンマル・返事) **(잘) 다녀와요.**
（チャル タニョワ ヨ）

行ってらっしゃい。

★ ただいま

다녀왔습니다.
（タニョワッスムニダ）

ただいま。

> かしこまった言い方。上司など目上の人へはこちらを使おう。

(パンマル) **왔어요.**
（ワッソ ヨ）

ただいま。

> 親しい間柄で使われ、「요ヨ」を取れば友達や年下に使える。

(パンマル・返事) **다녀오셨어요?**
（タニョオショッソヨ）

お帰りなさい。

> 直訳は「（よく行って）来ましたか？」。

(パンマル・返事) **(잘 다녀)왔어요?**
（チャル ダニョ ワッソ ヨ）

お帰りなさい。（お帰り）

メモ
気に入ったフレーズや自分でみつけた単語などを書き留めましょう

	ハングル		ていねい・パンマル
	意味		

21

お礼を言うとき、よく使うカムサハムニダ以外にもいろいろな表現があります。
使いこなせるとコミュニケーションも豊かになります。

✴ 感謝します

_{カムサハムニダ}
감사합니다.
ありがとうございます。

{ テレビやイベント、施設などのアナウンスから、
お客様や初対面、目上の人へのお礼など対個人まで「ていねいに」
お礼を言うときに幅広く使われる言い方。

_{ヒョプチョエ}　_{ガムサドゥリムニダ}
(협조에) 감사드립니다.
(ご協力に)感謝申し上げます。

{ 「感謝します カムサハムニダ」よりていねいで、
書き言葉やアナウンスに使われる言い方。
会話で使うと堅苦しく感じられる。

_{パンムネ}　_{ジュショソ}　_{ガムサハムニダ}
방문해 주셔서 감사합니다.
ご来店ありがとうございます。

_{トワジュショソ}　_{ガムサハムニダ}
도와주셔서 감사합니다.
助けていただきありがとうございます。

✴ ありがとうございます

(パンマル)　_{チョンマル}　_{コマウォ}_ヨ
정말 고마워요.
本当にありがとうございます。（ありがとう）

{ 知り合いに対して具体的な感謝の気持ちを
親しみを込めて使う言葉。

(返事)　_{アニエヨ}
아니에요.
どういたしまして。

{ 直訳は「違います」。

入れ替え

| _{ハンサン}
항상
いつも | _ワ_{ジュォソ}
와 줘서
来てくれて | _{アルリョ}_{ジュォソ}
알려 줘서
教えてくれて |

선물 고맙습니다.
ソンムル ゴマプスムニダ

プレゼントありがとうございます。

{ ていねいな表現だが、「感謝합니다 カムサハムニダ」より親しみが含まれており、初対面の人や目上の人には「感謝합니다 カムサハムニダ」を使うのが無難。 }

★ カジュアルな感謝

（パンマル）**고맙다, (친구야).**
コマプタ　チングヤ

ありがと、(友よ)。

{ 「友よ」をつけるのは男同士で使うイメージがある。 }

감사해요.
カムサヘヨ

ありがとうございます。

{ 親しい目上の人に使う言葉。 }

（パンマル）**땡큐!**
テンキュ

サンキュ！

（パンマル）**감사 감사!**
カムサ　ガムサ

感謝感謝！

（요말） **캄샤캄샤!**
カムシャカムシャ

★ バリエーション

제가 감사하죠.
チェガ　ガムサハジョ

私のほうこそ感謝しています。

（パンマル）**내가 더 고맙지.**
ネガ　ド　ゴマプチ

私のほうがもっと感謝してるよ。

뭘 이런 걸 다.
ムォル　イロン　ゴルダ

いいの？ありがとう。

（「ありがとう＋とても気に入った＋うれしい＋ちょっと悪いなぁ」が入り交じった気持ち。）

検索に使える **#リスト**

감사 カムサ	**감사 인사** カムサ　インサ	**답례** タムネ
感謝	お礼の言葉	お礼の品

※ハッシュタグに使う場合はスペース(わかち書き)を取ってください。

メモ

気に入ったフレーズや自分でみつけた単語などを書き留めましょう

ハングル　　　　　ていねい・パンマル

意味

謝る サグァ 사과

謝る気持ちをきちんと伝えられたら、より仲良くなれることでしょう。
親しさやシチュエーションに応じた表現を選びましょう。

★ ごめんなさい

（パンマル）ミアネ 미안해요.
ごめんなさい。（ごめんね）

ミアナムニダ 미안합니다. { よりていねいな言い方。
ごめんなさい。

チェソンヘヨ 죄송해요.
すみません。

（パンマル）クェンチャナ 괜찮아요.
大丈夫です。（大丈夫だよ）

つけ足し

※これら3つの謝る言葉の前につけて言える。

ヌジョソ 늦어서
遅れて

ヨルラン モ テソ 연락 못 해서
連絡できなくて

チョンマル 정말
本当に

コジンマレソ 거짓말해서
嘘ついて

ファナゲ ヘソ 화나게 해서
怒らせて

チンッチャ 진짜
マジで

★ 申し訳ありません

チェソンハムニダ 죄송합니다. { 最もていねいな言い方。初対面や目上の人、ビジネスシーンなどでも使える。
申し訳ありません。

チェソンヘッスムニダ 죄송했습니다.
申し訳ありませんでした。

★ カジュアルな謝罪

（パンマル）**미안!**（ミアン）
謝りたい度合いに合わせて「미안!미안! ミアン ミアン」と数回言う。
ごめん！

요말 **먄!**（ミャン）

（パンマル）**쏘리.**（ソリ）
実は英語の「sorry」そのまま。友達同士で肩がぶつかったときに使うくらいの軽い表現。
ソーリー。

★ バリエーション

（パンマル）**다신 안 그럴게요.**（タシン アン グロルケ ヨ）
もう二度としません。（もう二度としないよ）

（パンマル）**조심할게요.**（チョシマルケ ヨ）
気をつけます。（気をつけるよ）

용서해 주세요.（ヨンソヘ ジュセヨ）
許してください。

（パンマル）**잘못했어요.**（チャルモテッソ ヨ）
「ごめんなさい」の意味で使われる。
悪かったです。（悪かったよ）

（パンマル）**망했다!**（マンヘッタ）
このように「다 タ」で終わる言い方の多くは独り言。
失敗しちゃった！

（パンマル）**실패했다.**（シルペヘッタ）
計画・事業などが理想通りにいかなかったときに使う言葉。
失敗した。

★ 謝ってください

（パンマル）**사과해요.**（サグァヘ ヨ）
謝ってください。（謝って）

文化 **문화**（ムヌァ）
謝ってもらうよりも前に、そもそもやめてほしいときの言い方は、「그만해요.クマネヨ（やめてください）」。相手が年下なら「그만해.クマネ（やめて）」とパンマルで伝えてもいいでしょう。

메모
気に入ったフレーズや自分でみつけた単語などを書き留めましょう

ハングル　　　　　　ていねい・パンマル

意味

返事・あいづち
대답・맞장구
テダプ マッチャング

定番の「はい」「いいえ」に加えて、共感したり同意したりする
あいづちや驚きを表す表現も紹介します。

★ はい

네.
ネ
はい。

예.
イェ
はい。
{ よりていねいな返事。

 응응. / 어어.
ウンウン オオ
うんうん。

오케이.
オケイ
OK!

오키.
オキ

알았어요. / 알겠어요.
アラッソ ヨ アルゲッソ ヨ
わかりました。（わかった）
{ はっきりした使い分けはないが「알겠어요 アルゲッソヨ」は「承知しました」の意味が含まれている。

알았다니까. / 알았다고.
アラッタニッカ アラッタゴ
わかったってば。
{ 特に使い分けなし。強い言い方をすればケンカ腰にも取られるので言い方に注意。

그래요.
クレ ヨ
そうです。／そうしましょう。
（そう／そうだよ／そうしよう）
{ 疑問形にすると「そうなのですか？」

그러니까.
クロニッカ
だからよ。
{ 「私が言いたかったのは、まさにそのことだよ」という意味。

그니까. / 내말이.
クニッカ ネマリ

気に入ったフレーズや
自分でみつけた単語などを
書き留めましょう

ハングル

ていねい・パンマル

意味

★ いいえ

아니요.
（アニ ヨ / パンマル）
いいえ。（ううん）

아뇨.
（アニョ）
いいえ。

아니에요.
（アニエヨ）
違います。

아니야. / 아냐.
（アニヤ / アニャ / パンマル）
違うよ。

아닌데요.
（アニンデ ヨ / パンマル）
違うんですけど。（違うんだけど）

몰라요.
（モルラ ヨ / パンマル）
知りません。（知らない）

모르겠어요.
（モルゲッソ ヨ / パンマル）
わかりません。（わからない）

★ 同意する

그럴 줄 알았어요.
（クロル チュララッソ ヨ / パンマル）
そうだと思いました。（そうだと思った）

맞아요.
（マジャ ヨ / パンマル）
その通りです。（その通り）

나도.
（ナド / パンマル）
私も。

역시.
（ヨクシ / パンマル）
やっぱり。／さすが。

그렇지? 그지?
（クロチ / クジ / パンマル / 오말로）
でしょ？

그렇구나.
（クロクナ / パンマル）
そうなんだ。／なるほど。

당연하지요.
（タンヨナジ ヨ / パンマル）
当然でしょう。（当然よ）

그럼요.
（クロムニョ）
もちろんです。

그럼.
（クロム / パンマル）
もちろん。

아마.
（アマ / パンマル）
多分。

★ 否定する

（パンマル）**안 돼요.**
アンドェヨ
だめです。（だめ）

（パンマル）**그럴 리가 없어요.**
クロル リガ オッソヨ
そんなはずありません。（そんなはずない）

（パンマル）**그게 아니라요. / 그게 아니고요.**
クゲ アニラヨ クゲ アニゴヨ
{ こちらの2つの使い分けはない。}
そうではないんです。（そうじゃないよ）

（パンマル）**아닌 것 같은데요.**
アニン ゴッ カトゥンデヨ
違うと思いますが。（違うと思うけど）

（パンマル）**이상하네요.**
イサンハネヨ
変ですね。（変だね）

★ 聞き返す

（パンマル）**그치요? / 그렇지요?**
クチヨ クロチヨ
{ それぞれ「그쵸? クチョ/ 그렇죠? クロチョ」と表記することもある。}
ですよね？（だよね？、でしょ？）

（パンマル）**그래서요?**
クレソヨ
それで？

（パンマル）**뭐라고요?**
ムォラゴヨ
何ですって？（何だって？）

（パンマル）**또요?**
トヨ
またですか？（また？）

（パンマル）**왜요?**
ウェヨ
どうしてですか？（どうして？）

（パンマル）**왜 그래요?**
ウェ グレヨ
どうしたのですか？（どうしたの？）

정말이에요?
チョンマリエヨ
本当ですか？

（パンマル）**진짜?**
チンッチャ
{ 「うそ！」「マジ？」のほうに意味が近い。}
ほんと？

사실이에요?
サシリエヨ
{ 直訳は「事実ですか？」。}
本当ですか？

（パンマル）**확실해요?**
ファクシレヨ
{ 直訳は「確実ですか？」。}
確かですか？（確かなの？）

28

☆ 共感する

좋겠어요.
（チョケッソヨ）
いいですね。

대단하네요. （パンマル）
（テダナネヨ）
すごいですね。（すごいね）

잘됐다. （パンマル）
（チャルドェッタ）
{ それを聞いてうれしい、おめでとうという気持ち。
よかったね。

다행이다. （パンマル）
（タヘンイダ）
{ それを聞いて安心したという意味。
よかった。

☆ 驚く

어머！
（オモ）
{ 女性の言葉。
あら、まあ！

설마요. （パンマル）
（ソルマ ヨ）
まさか。

장난이지요？ （パンマル）
（チャンナニジ ヨ）
冗談でしょう？（冗談よね？）

아이고～. **아이구. / 아고고. / 에고….**
（アイゴ）　（アイグ）（アゴゴ）（エゴ）
はぁ。／うわぁ～。

말도 안 돼요！ （パンマル）
（マルド アンドェ ヨ）
ありえないです！（ありえない！）

거짓말이지요！ （パンマル）
（コジンマリジ ヨ）
うそでしょう！（うそでしょ！）

☆ バリエーション

그러면, / 그럼,
（クロミョン）（クロム）
それなら、
{ この後に文が続く。

글쎄요…. （パンマル）
（クルッセ ヨ）
そうですね…。
（そうだなぁ…）

거 봐요. （パンマル）
（コ ブァ ヨ）
ほらみなさい。
（ほらね）

気に入ったフレーズや
自分でみつけた単語などを
書き留めましょう

ハングル　　　　　　　　　　　　ていねい・パンマル

意味

29

書いて覚える なりきり会話

여기요.
＜ヨギヨ＞
どうぞ。

잘 가.
＜チャル ガ＞
じゃあね。

혹시 이거…
＜ホクシ イゴ＞
もしかしたらこれ…

解答例

고마워요.

解答例

감사합니다.

解説

<ruby>고마워요<rt>コマウォヨ</rt></ruby>. 「ありがとうございます」。

<ruby>감사합니다<rt>カムサハムニダ</rt></ruby>. 「ありがとうございます」。

「고마워요. コマウォヨ」は知り合いに対して、「감사합니다. カムサハムニダ」は幅広い対象に対して使える言い方。

解答例

또 봐.

解答例

다음에 봐.

解説

<ruby>또<rt>ト</rt></ruby> <ruby>봐<rt>ブァ</rt></ruby>. 「またね」。

<ruby>다음에<rt>タウメ</rt></ruby> <ruby>봐<rt>ブァ</rt></ruby>. 「またね」。

「또 ト」は「再び」、「다음에 タウメ」は「次に」の意味。使い分けはありませんので、覚えやすいほうで言ってみましょう。

解答例

아니요.

解答例

아니에요.

解説

<ruby>아니요<rt>アニヨ</rt></ruby>. 「いいえ」。

<ruby>아니에요<rt>アニエヨ</rt></ruby>. 「違います」。

この2つは、「はい・いいえ」で答える質問か「合っている・違っている」で答える質問かで使い分けます。この場面ではどちらを使ってもよい。

コミュニケーション ―書いて覚える なりきり会話―

31

自己紹介

「〜です」はその前の単語によって異なります。名前を伝えるとき、
日本人なら「ん」で終わるかどうかで変わります。

★ 自己紹介

나는 사토 에리예요.
ナヌン サト エリエヨ

私は佐藤エリです。

> 自分の名前に
> 「예요 エヨ」をつける。

일본 사람이에요.
イルボン サラミエヨ

日本人です。

> 「준」は13ページの発音の法則によって
> 「チュン」となるが、名前なので
> 「ジュン」と発音してもよい。

에리라고 불러 주세요.
エリラゴ ブルロ ジュセヨ

エリと呼んでください。

준이라고 불러 주세요.
チュニラゴ ブルロ ジュセヨ

ジュンと呼んでください。

성함이 어떻게 되세요?
ソンハミ オットケ ドェセヨ

お名前は何とおっしゃいますか?

> 「チュン」と「イエヨ」で「チュニエヨ」
> となるのは、15ページの発音の法則で
> 音がつながるから。

이름이 뭐예요?
イルミ ムォエヨ

名前は何ですか?

에리예요.
エリエヨ

エリです。

준이에요.
チュニエヨ

ジュンです。

> 「ん」で終わる名前なら
> 「이에요 イエヨ」をつける。

한국말 공부하고 있어요.
ハングンマル ゴンブハゴ イッソヨ

韓国語の勉強をしています。

한국말은 조금밖에 몰라요.
ハングンマルン ジョグムバッケ モルラヨ

韓国語は少しだけしかわかりません。

한국에 처음 왔어요.
ハングゲ チョウム ワッソヨ

韓国に初めて来ました。

★ 仕事など

학생 ハクセン **이에요.** イエヨ

> 名前のときと同様に、
> 単語によって「です」を使い分ける。
> 最後の文字にパッチム（14ページ）があるとき
> 「이에요 ィェヨ」を使う。

学生です。

入れ替え

대학생 テハクセン 大学生	**고등학생** コドゥンハクセン 高校生	**중학생** チュンハクセン 中学生	**알바생** アルバセン アルバイト	**공무원** コンムウォン 公務員
회사원 フェサウォン 会社員	**가게 점원** カゲ ジョムォン 店員			

주부 チュブ **예요.** エヨ

> 最後の文字にパッチムがないとき
> 「예요 エヨ」を使う。

主婦です。

入れ替え

교사 キョサ 教師	**간호사** カノサ 看護師	**의사** ウィサ 医師	**미용사** ミョンサ 美容師	**유튜버** ユティュボ YouTuber	**디자이너** ティジャイノ デザイナー
엔지니어 エンジニオ エンジニア	**백수** ベクス 無職				

> 「백수 ベクス」は
> 自虐的な言葉。

メモ

気に入ったフレーズや
自分でみつけた単語などを
書き留めましょう

ハングル	ていねい・パンマル
意味	

年齢を聞く　나이 묻기

年齢を聞くことは、日本ではタブーな場合もありますが、韓国人にとっては
とても重要なことの1つであるため、バリエーションが豊富です。

★ 何歳ですか？

> 近い年齢に見えるとき、
> 一番おすすめの言い方。

> こちらもある程度
> 近い年齢に見える人に使う。

ナイガ　オットケ　ドェセヨ
나이가 어떻게 되세요?

お歳はおいくつですか？

ミョッ サリセヨ
몇 살이세요?

何歳ですか？

ヨンセガ　オットケ　ドェセヨ
연세가 어떻게 되세요?

> 明らかに年上に見えるとき。
> 年齢が近い場合、かえって失礼になる。

お歳はおいくつですか？

ミョッ サリエヨ
몇 살이에요?

> 自分より明らかに年下に見えるが、
> ていねいに聞きたいときに使う。

何歳ですか？

↰ 反射　**スム　サリエヨ**
스무 살이에요.

20歳です。

ミョン ニョンセンイエヨ
몇 년생이에요?

何年生まれですか？

ミョッ タッポニエヨ
몇 학번이에요?

(大学には)何年に入学しましたか？

↰ 反射　**コンニュギエヨ**
06이에요.

(20)06年です。

> どちらも西暦の
> 下二桁で答える。
> 算用数字で
> 書くのがふつう。

↰ 反射　**イルグエヨ**
19예요.

(20)19年です。

→ 自分の生まれ年は、西暦の下二桁の数字を一桁ずつ読んで伝えます。
　　困ったときは指で表せば乗り切れます。

数字	0	1	2	3	4	5	6	7	8	9
ハングル	공	일	이	삼	사	오	육	칠	팔	구
読み	コン	イル	イ	サム	サ	オ	ユク	チル	パル	ク

※数字については、126～127ページをご覧ください。

★ 年齢がわかったら

동갑이네! _{トンガビネ}
> 「친구네! チングネ(友達だね)」 という言い方でもOK。

同い年だね！

제가 동생이네요. _{チェガ ドンセンイネヨ}

私のほうが年下ですね。

내가 _{ネガ} **언니네** _{オンニネ} **.**
姉だね ※相手が女性の場合。

> 親しい間柄になると親しみを込めてお兄さん、お姉さんと呼ぶことがよくある。
> 注意するのは自分の性によって呼び方が違うこと。
> また、実の兄弟のことを第三者に言う場合「うちのお姉さん」のように、前に「우리 ウリ」をつけて言う。

私のほうが<u>年上</u>だね。

入れ替え

누나네 _{ヌナネ}
姉だね ※相手が男性の場合。

오빠네 _{オッパネ}
兄だね ※相手が女性の場合。

형이네 _{ヒョンイネ}
兄だね ※相手が男性の場合。

말 놓으세요. _{マル ロウセヨ}

(これからは)タメロで話してください。

말 놓을게. _{マル ロウルケ}

(これからは)タメロで話すね。

말 놓자. _{マル ロチャ}

(これからは)タメロで話そう。

동생인 줄 알았어요. _{トンセンイン ジュララッソ}

年下だと思いました。

그렇게 안 보이세요! _{クロケ アン ボイセヨ}

その歳に見えないです！

検索に使える #リスト

トンガプ	ヨナ	ヨンサン
동갑	**연하**	**연상**
同い年	年下	年上

チョンデンマル	パンマル	マンネ
존댓말	**반말**	**막내**
尊敬語	タメロ	末っ子

文化 ムヌァ 문화 韓国人は言葉遣いに敏感ですが、それはまず自分と相手の年齢により決まります。どれだけ親しい関係でも(家族間でさえ)年齢によってきちんと尊敬語を使うのが普通です。親しくなるためにも初対面のときに、失礼にならないように様々な表現を使ってまず相手の年齢を聞き、その後の言葉遣いと関係作りに役立てるのです。

仲良くなる _{チング} 친구 _{ドェギ} 되기

仲良くなる過程でポイントとなるフレーズを集めています。
少ない言葉でも気持ちはしっかり伝わります。

★ 仲良くなりたいと伝える

(パンマル) **_{チネジゴ} 친해지고 _{シポ} 싶어 _ヨ 요.**

仲良くなりたいです。(仲良くなりたいよ)

_{ウリ} 우리 _{チング} 친구 _{ヘヨ} 해요.

友達になりましょう。

(パンマル) **_{インスタ} 인스타 _{パルロウヘド} 팔로우해도 _{ドェ} 돼 _ヨ 요?**

インスタ、フォローしてもいいですか？
(インスタ、フォローしてもいい？)

> インスタグラムは「인스타그램 インスタグレム」。
> 日本と同様、会話では「インスタ」と言う。

(パンマル) **_{カトク} 카톡 _{チンチュヘド} 친추해도 _{ドェ} 돼 _ヨ 요?**

カカオの友達登録してもいいですか？
(カカオの友達登録してもいい？)

> 「카톡 カトク」は、アプリ「카카오(トーク)」「카카오톡 カカオトク」の略で、
> 「친추 チンチュ」は「친구추가 チングチュガ(友達追加)」の略。

_{カトク} 카톡 _{アイディ} 아이디 _{アルリョ} 알려 _{ジュセヨ} 주세요.

カカオのID教えてください。

入れ替え

_{キュアルコドゥ} 큐알코드	_{ボノ} 번호
QRコード	(ケータイ)番号

_{ライン} 라인 _{ジュセヨ} 주세요.

LINE(で連絡して)ください。

(パンマル) **_{ティエム} 디엠 _{ハルケ} 할게 _ヨ 요.**

DM送ります。(DM送るね)

> 実際は「메세지 メセジ」と
> 表記・発音する人が多い。

_{オンジェドゥンジ} 언제든지 _{メッシジ} 메시지 _{ジュセヨ} 주세요.

いつでもメッセージください。

_{ハングンマル} 한국말 _{ガルチョ} 가르쳐 _{ジュセヨ} 주세요.

韓国語、教えてください。

★ 好きなことを聞く

뭐 좋아해요?
（ムォ ジョアヘ ヨ）

好きなことは何ですか？（好きなことは何？）

（反事）（パンマル）케이팝을 좋아해요.
（ケイパプル）（ジョアヘ ヨ）

K-POP が好きです。（私は K-POP が好き）

入れ替え

ハングン ニョンファルル **한국 영화를** 韓国映画が	ヨヘンウル **여행을** 旅行が	タンゴルル **단거를** スイーツ（甘いもの）が	ショピンウル **쇼핑을** ショッピングが
トゥライブルル **드라이브를** ドライブが	トクソルル **독서를** 読書が		

★ 好きなことが同じだったら

（パンマル）**통했네!**
（トンヘンネ）

通じたね！

同じ言葉・考えをほぼ同時に言ったり、言おうとしたときは、すかさずこの言葉を言って、相手との距離を縮めよう。

（ウリ ジャル マンネヨ）**우리 잘 맞네요!**

私たち、気が合いますね！

検索に使える **＃ リスト**

チング **친구** 友達	タンチャク（チング） **단짝(친구)** 仲良し	サイガ ジョタ **사이가 좋다** 仲が良い	チョルチン ベプ **절친 / 베프** 親友

ベストフレンドの略。

※ハッシュタグに使う場合はスペース（わかち書き）を取ってください。

메모

気に入ったフレーズや
自分でみつけた単語などを
書き留めましょう

ハングル	ていねい・パンマル
意味	

言葉遣いは年齢で変わる

ヨンセガ　オットケ　ドェセヨ
연세가 어떻게 되세요?

お歳はおいくつですか？

ヨンセ　ヨ　チョ　ハラボジ　アニエヨ　ハハハ
"연세"요? 저, 할아버지 아니에요. 하하하.

「お歳」？　僕、おじいさんじゃないです。ハハハ。

ア　ミアネヨ　ミョッ　サリエヨ
아, 미안해요. 몇 살이에요?

あ、ごめんなさい。何歳ですか？

スム　サリエヨ
스무 살이에요.

20歳です。

スム　サル　トンガビネ
스무 살? 동갑이네!

20歳？　同い年だね！

クロム　ゴンイニョンセン　マル　ロチャ
그럼 02년생? 말 놓자!

じゃ、02年生まれ？　タメロで話そうよ！

ウン　ナン　ゴンイリンデ
응? 난 01인데.

あれ？　私は01年生まれなんだけど。

韓国人と仲良くなるためのはじめの一歩と言っていい、年齢を確認する会話です。
初対面で年齢を確認するとき、知っておきたいのが日韓での年齢の数え方の違いです。

ア　クロム　ハングン　ナイロ　スムルハン　サリヤ
아~ 그럼 한국 나이로 스물한 살이야.
あ〜じゃ、韓国の年齢で21歳だね。

ウン　クロム　ウェ　バンマル
응? 그럼 왜 반말…?
あれ？ じゃあ、何でタメ口…？

ア　イミ　マル　ルァッスニッカ　ハハハ
아, 이미 말 놨으니까… 하하하….
あ、もうタメ口になったんだから…ハハハ…。

ここをチェック！

 ☑
初対面らしく一番ていねいな言い方で年齢を聞いたもの。しかし、この言い方では見た目でとても年上に見えたという意味を持ってしまいました。「연세가 어떻게 되세요? ヨンセガ オットケ ドェセヨ」は明らかに年上の人になら尊敬の意味も含まれるので失礼にはなりません。

 ☑
韓国では長い間数え年（生まれたときが1歳で、1月1日に歳を取る数え方）を使っていましたが、2023年6月から日本と同じく誕生日に1歳ずつ取る満年齢を使うことになりました。数え年と満年齢では1〜2歳の差が出るため、西暦で何年生まれかを確認していました。スターのプロフィールなどに生年月日が書かれていることが多いのはそのためです。

 ☑
年齢を聞く理由は、これから仲良くしていくために関係性を明確にするためです。1歳でも年上なら年長者として敬うのは、儒教の教えが韓国に根付いているからです。最近は国際間の間柄では堅苦しく考えずパンマルで話し始めたら敬語に戻さない傾向もあります。話の内容によって急に「何でタメ口？」と冗談っぽく言うと、仲を深めるきっかけになることでしょう。

몇 살이세요?
ミョッ サリセヨ

何歳ですか？

이름이 뭐예요?
イルミ　　ムォエヨ

名前は何ですか？

뭐 좋아해요?
ムォ　ジョアヘヨ

好きなことは何ですか？

스무 살이에요.

02 예요.

린이라고 불러 주세요.

마이예요.

케이팝을 좋아해요.

한국 영화를 좋아해요.

解説

スム サリエヨ
스무 살이에요. 「20歳です」。

コンイエヨ
02예요. 「02年（生まれ）です」。

自分の年齢か、何年生まれか、どちら
かを準備しておきましょう。どちらで答
えても理解してもらえます。

解説

リニラゴ　ブルロ　ジュセヨ
린이라고 불러 주세요.
「リンと呼んでください」。

マイエヨ
마이예요. 「マイです」。

「린 リン」のパッチムが「이라고 イラゴ」
の「이 イ」とつながって「リニラゴ」と
発音されます。

解説

ケイパプル　ジョアヘヨ
케이팝을 좋아해요. 「K-POPが好きです」。

ハングン　ニョンファルル　ジョアヘヨ
한국 영화를 좋아해요.
「韓国映画が好きです」。

単語の最後の文字にパッチムがあれば
「을」（ウル）、なければ「를」（ルル）をつ
けます。

41

流行語

韓国の流行語を紹介します。
😺は今はもう使われていないもの、😺は今も使われているものです。

1999年

😺 <ruby>하이루<rt>ハイル</rt></ruby> , <ruby>방가방가<rt>バンガバンガ</rt></ruby>

インターネットが登場する直前、PC 通信の時代にチャットルームに入ったら、「こんにちは」の意味で交わしていたあいさつ。

😺 <ruby>ㅋㅋㅋ<rt>クククク</rt></ruby>

笑い声を文字にした代表的なもの。日本語では www。

2000年

😺 <ruby>대박<rt>テバク</rt></ruby>

良くも悪くも予想を超えるすごい結果を指す。大ヒットなどにも使用。

2001年

😺 <ruby>작업<rt>チャゴプ</rt></ruby>

恋愛が始まる過程。漢字で表すと「作業」。

😺 <ruby>헐<rt>ホル</rt></ruby>

主に驚き、他に感動やあきれた気持ちを表す。吐き捨てるように言う。

2002年

😺 <ruby>즐<rt>チュル</rt></ruby>

人の話を途中で切ったり、無視したりすること。インターネットゲームの流行とともに、ゲームのアイテムを高額で販売する人に「즐거운 시간 되세요 <ruby>チュルゴウン シガン ドェセヨ<rt></rt></ruby>（楽しい時間を過ごしてください）」ときっぱり断っていた頭文字の「즐 チュル」という言葉が当時、よく使われていた。

😺 <ruby>얼짱<rt>オルッチャン</rt></ruby>

「얼굴이 짱이다 <ruby>オルグリ ッチャンイダ<rt></rt></ruby>（顔が最高だ）」の略。イケメン・美女のこと。

2003年

😺 <ruby>몸짱<rt>モムッチャン</rt></ruby>

「몸이 짱이다 <ruby>モミ ッチャンイダ<rt></rt></ruby>（体が最高だ）」の略。日本語でいう肉体美。

2004年

オタク
오타쿠
日本語のオタクから。最近は오덕 オドク、덕후 トクに変わって使われている。

バスニ
빠순이
男性アイドルファンの女性たちを指す。

オティエル
OTL
挫折。形が「人が手をついてうなだれる姿」に見えることから。

2005年

アンスプ
안습
「안구에 습기 찼다 アングエ スプキ チャッタ（眼球に湿気がこもった）」の略。「悲しい」「かわいそう」「涙が出る」などの意味。

チモンミ
지못미
「지켜주지 못해 미안해 チキョジュジ モテ ミアネ（守ってあげられなくてごめんね）」の略。とてもおもしろいがどこか残念な感じがする物事に接したとき使う。

2006年

テンジャンニョ
된장녀
直訳は「味噌女」。「味噌と糞も区別できないほどバカな女」という意味。贅沢な生活を楽しむ女性、お金持ちと結婚することが目標である女性、結婚するとき相手の条件だけを見る女性などを指す言葉。

フンナム
훈남
顔より、能力、性格がかっこいい男性のこと。
「보면 마음이 훈훈해지는 남자 ポミョン マウミ フンフネジヌン ナムジャ（見ると心が温かくなる、ぬくもりを与えてくれる男性）」が本来の意味。女性の場合は「훈녀 フンニョ」。

ワンソ
완소
「완전 소중 ワンジョン ソジュン（とても大切）」の略。大切なもの、人に使う。

2007年

キン ワンッ チャン
킹왕짱
「最高」という意味の「King」「王」「짱 チャン」を合わせた言葉。

ヨシン
여신
「女神」。とびきりの美女、トップスターの女優や女性アイドルを指す。男性の場合は「남신 ナムシン（男神）」と言うことがある。

43

꿀벅지
〔クルボクチ〕

女性アイドルのセクシーな太ももを指す言葉。最近女性の人権問題が話題となってから、使ってはいけない言葉の1つとなった。

디스
〔ティス〕

ディス、ディスる。

〇〇종결자
〔ジョンギョルチャ〕

「종결자 チョンギョルチャ」は「ある物事を終わらせる人」という意味で、ある分野で最も高い能力を持っている人を指す。例 다이어트 종결자 タイオトゥ ジョンギョルチャ（ダイエット終結者。ダイエットの達人）、감정 연기 종결자 カムジョン ニョンギ ジョンギョルチャ（感情演技終結者。感情の演技の達人）

레알
〔レアル〕

「real」のこと。意味はそのまま「本当」「本気」。

하의 실종
〔ハウィ シルチョン〕

直訳は「下半身の服の失踪」。スカートやズボンなどが極端に短く、着ているように見えない状態を指す。

흥해라
〔フンヘラ〕

人やグループ、店、会社などの大成功を願うとき使う。

시월드
〔シウォルドゥ〕

嫁姑問題で、義理の家の考え方が理解できず、住む世界が違うように感じられるということを表す。

멘붕
〔メンブン〕

「멘탈 붕괴 メンタル ブングェ（メンタル崩壊）」の略。精神的に不安定な様子を表す言葉。

행쇼
〔ヘンショ〕

「행복하십시오 ヘンボカシプシオ（お幸せに）」の略。本当に幸せを願うだけでなく、のろけ話などを聞いたときに嫌味っぽく使う場合もある。

깜놀
〔カムノル〕

「깜짝 놀랐다 カムッチャク ノルラッタ（びっくりした）」の略。

불금
〔プルグム〕

「불타는 금요일 プルタヌング ミョイル（燃える金曜日）」の略。日本語では死語の「花金」。

2013年

🐑 **대다나다** (テダナダ)

「대단하다 テダンハダ（すごい）」をわざと間違えた文字表記にして、気持ちとは裏腹に褒めなければいけないときや皮肉の意味を含めたいときに使う。

🐑 **금사빠** (クムサッパ)

「금세 사랑에 빠지다 クムセ サランエ ッパジダ（すぐ恋に落ちる）」の略。すぐに好きになる人。

2014年

🐑 **썸남 , 썸녀** (ソムナム、ソムニョ)

「썸 타는 남자 ソム タヌン ナムジャ / 여자 ヨジャ」の略。互いに好き同士なのに交際していない関係。

2015年

🐑 **갓〇〇** (カッ)

「갓 カッ = god（神）」＋神対応をした人や褒めたい人の名前。

2017年

🐑 **가즈아 ~** (カジュア)

「가자 カジャ（行こう）」より一層やる気を込めて長くのばして言った言葉。

🐑 **실화냐 ?** (シロアニャ)

「実話なのか？」。事実か確認する表現で、答えを求めるのではなく日本語での「マジで？」に近い表現。

🐑 **저세상 〇〇** (チョセサン)

「あの世の〇〇」。この世では見ることができないほどのすごい物事を言う。

2020年

🐑 **코로나 19** (コロナ / イルグ)

「新型コロナウイルス」。誰もが認める 2020年最も流行った言葉。

🐑 **확찐자** (ファクチンジャ)

コロナ太り。「확진자 ファクチンジャ（コロナ感染者）」と急に（확 ファク）太った（살이 찐 サリッチン）人（자 チャ）の発音が似ていることから生まれた。

🐑 **집콕** (チプコク)

「（コロナの影響で）집에 콕 박히다 チベ コクパキダ（家に引きこもる）」の略。

🐑 **선 넘네** (ソン / ノムネ)

「一線を越えてるね」。ボーダーラインを超えた過度な干渉や生意気な人を指す言葉。

SNSで使われる顔文字

韓国では、絵文字以外にも記号やハングルを使った顔文字が使われています。
そのなかから、よく使われるものを紹介します。

よく使う記号の顔文字

^^ (^_^) ^-^ ^.^ ^O^	一番よく使われる笑顔
*^^* ^^*	頬をそめて喜ぶ顔
^^; ^^;;;;	苦笑い、戸惑いの気持ちが混ざった笑み。汗が多いほど苦笑い、戸惑いなどの度合いが上がる
=_= =_=;;	眠い顔、あきれた顔
@_@ @.@ ?_?	戸惑っている顔、混乱している顔、驚く顔
>.< >_<	しかめた顔。「痛い」「恥ずかしい」などマイナスの気持ちを表す場合と、喜びを表す場合がある。*>.<* のように使うと、とてもうれしくて興奮しているという気持ちを表す

ハングルを使った顔文字

>ㅁ< >ㅂ< >ㅇ<	喜んでいる顔
ㅡ.ㅡ;	あきれた顔
;ㅁ; ;ㅇ;	戸惑う顔、泣き顔
ㅇㅅㅇ ㅇ.ㅇ ㅇ_ㅇ	驚く顔、戸惑う顔
ㅠ.ㅠ ㅠ_ㅠ ㅠㅇㅠ ㅜ.ㅜ ㅜ_ㅜ ㅜㅇㅜ	泣いている顔

ハングルの子音だけで表す表現（顔文字ではないが、SNSでよく使われる）

ㅋㅋ	ㅋㅋ（クク）の子音。笑い声。最もよく使われる。多いほどたくさん笑っている、とてもおもしろいことを表す
ㅎㅎ	흐흐, 후후（フフ）の子音。ㅋㅋよりもう少しやわらかい笑い声。微笑み
ㅉㅉ	쯔쯔（チュッチュ）, 쯧쯧（チュッチュッ）の子音。舌打ちする音。「残念」「かわいそうに」などの意味を表すが、誰かの言動をあざ笑うときによく使われる
ㅇㅇ	응응（ウンウン）の子音。「そうだよ」「いいよ」などの意味を表す
ㅇㅋ	ヨマルの오키（オキ）の子音。「オッケー」「了解」などの意味を表す
ㄴㄴ	노노（ノノ）の子音。「違うよ」「ダメだよ」などの意味を表す
ㄱㅅ	감사（カムサ）の子音。「ありがとう」の意味を表す
ㅈㅅ	죄송（チェソン）の子音。「すみません」の意味を表す
ㅊㅋ	축하（チュカ）の子音。「おめでとう」の意味を表す

ファン活動

K-POPやドラマなどで韓国の魅力にハマったという方は、「推し」が話す言葉やファン同士の交流に使える言葉を知りたいことでしょう。ここでは、そんな場面で使えるフレーズや、サイン会などで短い時間でもスターに気持ちを伝えられるフレーズを集めています。

K-POP  케이팝
ケイパプ

K-POPから韓国語に興味を持ったという方は、
とても多いのではないでしょうか。
よく使われるフレーズとファンの声を紹介します。

★ よくある歌詞

パンマル 내가 지켜 줄게.
ネガ ジキョ ジュルケ

僕が守ってあげるよ。

パンマル 영원히 함께 해.
ヨンウォニ ハムッケ ヘ

永遠に一緒だよ。

パンマル 너는 나의 태양.
ノヌン ナエ テヤン

君は僕の太陽。

> ほかに「별ビョル(星)」「선물ソンムル(プレゼント)」
> 「천국チョングク(天国)」「빛ビッ(光)」などがある。

パンマル 우리 헤어졌지.
ウリ ヘオジョッチ

僕たち別れたよね。

パンマル 내게 다시 돌아와.
ネゲ ダシ ドラワ

僕に戻ってきて。

パンマル 잊지 마.
イッチ マ

忘れないで。

パンマル 약속해.
ヤクソケ

約束するよ。

パンマル 날 믿어 줘.
ナル ミド ジュオ

僕を信じて。

パンマル 기다릴게.
キダリルケ

待っているよ。

パンマル 널 안고 싶어.
ノル アンコ シポ

君を抱きしめたい。

パンマル 상처받은 마음
サンチョバドゥン マウム

傷ついた心

パンマル 난 너만 있으면 돼.
ナン ノマン イッスミョン デ

私は君さえいてくれればいい。

パンマル 날 막을 수 없어.
ナル マグル ス オプソ

僕を止めることはできない。

パンマル 착각하지 마.
チャッカカジ マ

勘違いしないで。

★ 歌の感想

🔵 **목소리 너무 애절하다.**
モクソリ ノム エジョラダ

声が切なすぎる。

🔵 **울 뻔했어.**
ウル ッポネッソ

泣きそうになった。

🔵 **내 최애곡이야.**
ネ チュエゴギヤ

私のイチ推しの曲だよ。

🔵 **이 노래 진짜 내 스탈임.**
イ ノレ ジンッチャ ネ スタリム

この歌まさに私のタイプ。

> 「스탈スタル」は
> 「스타일スタイル」の略で、
> 好みのタイプのこと。

🔵 **이거 들으면 힘이 나.**
イゴ ドゥルミョン ヒミ ナ

これ聞くと元気が出る。

入れ替え

| **행복해져**
ヘンボケジョ
幸せになる | **기분 좋아져**
キブン ジョアジョ
気分が良くなる | **너무 신나**
ノム シンナ
テンションが上がる | **슬퍼져**
スルポジョ
悲しくなる |

検索に使える #リスト

앨범 エルボム アルバム	**싱글** シングル シングル	**음원** ウムォン 音源(ファイル)
순위 スヌィ 順位	**컴백일** コムベギル 配信開始日	**작사** チャクサ 作詞
작곡 チャッコク 作曲	**노래** ノレ 歌	**빌보드 차트** ビルボドゥ チャトゥ ビルボードランキング
고막 남친 コマン ナムチン 歌声が素敵な男性歌手		**음원 차트** ウムォン チャトゥ 歌の人気ランキング

文化 ムヌァ **문화**

歌の人気ランキングについて、アルバムの売上チャートで有名なものに「한터 차트ハントチャトゥ」と「가온 차트カオンチャトゥ」があります。前者はアルバム売上がリアルタイムで確認できるチャートで、歌番組のランキングに反映されます。後者は韓国政府機関認定チャート。デジタルチャート、アルバムチャート、ソーシャルチャートなどさまざまなカテゴリがあります。

※ハッシュタグに使う場合はスペース(わかち書き)を取ってください。

映画鑑賞

<small>ヨンファ ガムサン</small>
영화 감상

韓国映画は海外でも賞を取るなど高い評価を得ています。
映画の話題でもり上がるときに使えるフレーズを見てみましょう。

★ ジャンル

 <small>オットン ジャンヌ ジョアヘ ヨ</small>
어떤 장르 좋아해요?

どんなジャンルが好きですか？（どんなジャンルが好き？）

↪ <small>コミンメルロ ジョアヘ ヨ</small>
코믹멜로 좋아해요. { ラブコメは「로맨틱코미디 ロマンティックコメディ」とも言われる。

ラブコメが好きです。（ラブコメ、好き）

悲しい結末は
새드엔딩セドゥエンディン。

入れ替え

| <small>エクション</small>
액션
アクション | <small>ロブストリ</small>
러브스토리
ラブストーリー | <small>コンポ ホロ</small>
공포/호러
ホラー | <small>エニ</small>
애니
アニメ映画 | <small>ヘピエンディン</small>
해피엔딩
ハッピーエンド |
| <small>コミディ</small>
코미디
コメディ | <small>サグク</small>
사극
時代劇 | <small>パンタジ</small>
판타지
ファンタジー | <small>ミステリ</small>
미스테리
ミステリー | <small>エスエブ</small>
에스에프
SF |

★ 映画公開

<small>イゴ ゲボンヘッソ ヨ</small>
이거 개봉했어요? { 今、公開中かどうかを確認している。

これ公開されましたか？（これ公開した？）

↪ <small>ネ オジェ ヘッソ ヨ</small>
네, 어제 했어요. { パンマルの返事は「응ウン（うん）」。

はい、昨日しました。（うん、昨日したよ）

↪ <small>アニョ アジギヨ</small>
아뇨, 아직이요.

いいえ、まだです。

★ 出演者

パンマル 누가 나와ヌガ ナワ**요**? ヨ

誰が出演しますか？
（誰が出演するの？）

상대역은 누구예요? サンデヨグン ヌグエヨ

相手役は誰ですか？（相手役は誰？）

パンマル 누가 주연했어ヌガ ジュヨネッソ**요**? ヨ

主演は誰ですか？（主演は誰？）

返事 パンマル 박서준이래パクソ ジュニレ**요**. ヨ

パク・ソジュンですって。
（パク・ソジュンだって）

> 名前の最後にパッチムがある場合は
> ○○ 이래요、イレヨ、ない場合は○○래요、レヨで、
> 「○○ 씨シ（〜さん）」ならパッチムの
> 有無にかかわらず使える。

★ 韓国で映画を見たい

パンマル 이 영화 보고 싶어イ ヨンファ ボゴ シポ**요**. ヨ

この映画見たいです。（この映画見たい）

パンマル 이거 재밌겠다. イゴ ジェミッケッタ

これ、おもしろそう。

パンマル 이 영화는 봐 줘야 돼イ ヨンファヌン ブァ ジュオヤ デ**요**. ヨ

この映画は見るべきです。（この映画は見るべき）

パンマル 자막 없이 보고 싶어チャマゴプシ ボゴ シポ**요**. ヨ

字幕なしで見てみたいです。（字幕なしで見てみたい）

★ 映画に誘う

パンマル 같이 영화 보러 갈래カチ ヨンファ ボロ ガルレ**요**? ヨ

一緒に映画、見に行きませんか？
（一緒に映画、見に行かない？）

パンマル 내가 영화 쏠게! 가자! ネガ ヨンファ ッソルケ カジャ

私が映画代払うよ！ 行こう！

気に入ったフレーズや
自分でみつけた単語などを
書き留めましょう

ハングル	ていねい・パンマル
意味	

★ 良い感想

정말 재밌었어요.
（チョンマル ジェミッソッソ 요）
（パンマル）

本当におもしろかったです。（本当におもしろかった）

강력추천하는 작품
（カンニョクチュチョナヌン ジャクプム）

강추하는 작품
（カンチュハヌン ジャクプム）

「강추 カンチュ」は
「강력추천 カンニョクチュチョン」の略で、
意味は「強くおすすめ」。

イチ推し作品

푹 빠졌어요.
（ブ ッパジョッソ 요）
（パンマル）

ハマっちゃいました。（ハマっちゃった）

다시 보고 싶어요.
（タシ ボゴ シポ 요）
（パンマル）

もう一度見たいです。（もう一度見たい）

제 인생 영화예요.
（チェ インセン ニョンファエヨ）

私の人生一番の映画です。

인기 있는 이유가 있네요.
（インキ インヌン イユガ インネ 요）
（パンマル）

人気の理由がありますね。（人気の理由があるね）

연기 너무 잘하는 듯.
（ヨンギ ノム ジャラヌン ドゥッ）

演技、うますぎる。

캐스팅이 좋았어요.
（ケスティンイ ジョアッソ 요）
（パンマル）

キャスティングが良かったです。
（キャスティングが良かった）

상 받을 만해요.
（サン バドゥル マンヘ 요）
（パンマル）

受賞する価値がありますね。（受賞する価値があるね）

반전이 소름 끼쳤어요.
（バンジョニ ソルム ッキチョッソ 요）
（パンマル）

どんでん返しで鳥肌立ちました。（どんでん返しで鳥肌もの）

메모

ハングル　　　　　ていねい・パンマル

気に入ったフレーズや
自分でみつけた単語などを
書き留めましょう

意味

★ ふつう〜がっかりの感想

（パンマル）
그냥 그랬어요.
クニャン グレッソ ヨ
まあまあでした。（まあまあだった）

（パンマル）
나빠진 않았어요.
ナッブジン アナッソ ヨ
悪くはなかったです。（悪くなかったよ）

（パンマル）
실망했어요.
シルマンヘッソ ヨ
ガッカリでした。（ガッカリだった）

（パンマル）
이해가 안 돼요.
イヘガ アンデ ヨ
理解ができません。（理解できない）

（パンマル）
기대했는데….
キデヘンヌンデ
期待してたのに…。

（パンマル）
생각보다 별로였어요.
センガッボダ ビョルロヨッソ ヨ
思ったより良くなかったです。（思ったより良くなかった）

★ ネタバレ

（パンマル）
스포 주의!
スポ ジュイ
ネタバレ注意！

（パンマル）
스포 당했어요.
スポ ダンヘッソ ヨ
ネタバレ見ちゃいました。（ネタバレ見ちゃった）

（パンマル）
결말 말해도 돼요?
キョルマル マレド デ ヨ
結末言っていいですか？
（結末言っていい？）

（パンマル）
그 이상 말하지 마!
ク イサン マラジ マ
それ以上は言わないで！

検索に使える **#リスト**

チェモク	チュヨン	チョヨン	サンヨンジュン	サン	クァングェクス
제목	**주연**	**조연**	**상영중**	**상**	**관객 수**
タイトル	主演	助演	公開中	賞	観客（動員）数

ヒトゥジャク	プルロクポスト		チョンマン ニョンファ	
히트작 / 블록버스터			**천만 영화**	
大ヒット作			千万映画	

観客動員数が韓国映画の
ヒットの基準である1千万人以上の
映画のこと（日本語は直訳）。

※ハッシュタグに使う場合はスペース（わかち書き）を取ってください。

バラエティを見る
버라이어티 보기

バラエティ番組は会話のテンポが速く、十分に聞き取るのは
難しいかもしれません。短いフレーズで番組の流れをつかんでいきましょう。

★ 感想

(パンマル) **완전 재밌어!**
超おもしろい！

(パンマル) **너무 재미없다.**
超つまんない。

 완전 꿀잼!

 완전 노잼.

★ オープニング

오늘의 게스트를 소개합니다.
今日のゲストを紹介します。

(パンマル) **누구? 누구야?**
誰、誰？

이승우 씨가 나와 주셨습니다.
イ・スンウさんに来ていただきました。

인사 부탁드릴게요.
あいさつ、お願いします。

★ ゲーム

(パンマル) **빨리빨리!**
早く早く！

(パンマル) **거기 안 서!**
そこで止まって！

(パンマル) **두고 보자.**
覚えてろ。

(パンマル) **아깝다~!**
惜しい～！

(パンマル) **됐다! 됐다!**
できた！できた！

(パンマル) **잘한다!**
うまいね！

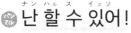

（パンマル）난 할 수 있어!
僕は(なら)できる!

（パンマル）자! 간다!!
さあ! 行くぞ!!

（パンマル）죽어도 이긴다!
死んでも勝つ!

（パンマル）지기만 해 봐.
負けたら覚悟して。

（パンマル）배신하지 마.
裏切らないで。

（パンマル）치사해!
ずるい!

（パンマル）복수할 거야!
リベンジしようじゃないの!

★ ツッコミ

（パンマル）야! 뭐야, 그게.
おい! なんだそれ。

（パンマル）또 그거야?
またそれ?

（パンマル）그만해!
やめて!

（パンマル）진짜 못생겼다.
ブサイク過ぎる。

★ 聞き取りたい一言

（パンマル）뭐래!
何、言ってんの!

（パンマル）아~ 뭐야~.
何なんだよ~。

（パンマル）잠깐!
ちょっと待った!

（パンマル）아~ 답답해!
もう~ イライラする!

（パンマル）바보 아냐?
バカじゃないの?

（パンマル）웃겨!
ふざけないで!

（パンマル）시작!
スタート!

（パンマル）끝!
終わり!

가위바위보!
じゃんけんぽん!

「가위 カウィ」は「はさみ」、
「바위 バウィ」は「岩・石」、「보 ボ」は
「보자기 ボジャギ」のボで布のこと。

テロップ 자막^{チャマク}

テレビ番組は、はやりの言葉や旬の情報が満載。
おもしろいコメントや流行語にはテロップが入るので
参考にしてみてください。

★ 状況

썰렁…^{ソルロン}
しーん…

멍~^{モン}
ぼぉ～

번쩍번쩍^{ポンッチョクポンッチョク}
ピカピカ

삐까뻔쩍^{ピッカッポンッチョク}

정색^{チョンセク}
真顔

부끄^{ブック}
はずっ（恥ずかしいっ）

헐…^{ホル} { 尻上がりに言えば「は？」と疑問の感じになる。

★ 感想

고구마^{コグマ} { 直訳は「さつまいも」。たくさん口に含んでのどに詰まる様子から来ている。
じれったい

사이다^{サイダ} { 直訳は飲料水の「サイダー」。のどの詰まりをすっきりさせることから来ている。
すっきり

행복^{ヘンボク}
幸せ

비호감^{ビホガム}
好きじゃない

진짜 비호감^{チンッチャ ビホガム}
最低

극혐^{クキョム}

멘붕^{メンブン}
ショック
{ メンタル崩壊「멘탈 붕괴 メンタル ブングェ」の略。

감동^{カムドン}
感動

열폭^{ヨルポク} { 劣等感爆発の意味の「열등감 폭발 ヨルトゥンガム ポクパル」の略。
ねたみが爆発

★ バリエーション

그렁그렁 `クロングロン`
ウルウル

우울 `ウウル`
憂鬱

슬픔 `スルプム`
悲しい

식겁 `シッコプ`
ヒヤッと

깜놀 `カムノル`
{ びっくりするの「깜짝 놀라다 `カムチャン ノルラダ`」の略。}
びっくり

허걱 `ホゴク`
えっ

짜증 `チャジュン`
神経質

폭발 `ポクパル`
爆発

충격 `チュンギョク`
衝撃

한계 `ハンゲ`
限界

주접 `チュジョプ`
おふざけ

뭔 소리? `ムォンソリ`
何、言ってるの？

짝짝짝 `チャクッチャクッチャク`
パチパチパチ

박수 `パクス`
拍手

기대 `キデ`
期待

정곡 `チョンゴク`
{ 隠していたこと、気にしていたことを見抜かれた様子。}
グサッ

치명 `チミョン`
{「치명적인 매력 `チミョンジョギン メリョク`（致命的な魅力）」の略。}
致命的（な魅力）

꾸벅 `クボク`
ペコリ

忍 `イン`
{ 日本語の「忍」の字を韓国ではこう書く。}
我慢

예민 `イェミン`
敏感、繊細

 메모

気に入ったフレーズや
自分でみつけた単語などを
書き留めましょう

ハングル

ていねい・パンマル

意味

ファンミ・コンサート
팬미팅·콘서트
ペン ミ ティン コン ソ トゥ

アルバムを買ったり SNS をフォローしたりするのも楽しいですが、
醍醐味はスターをナマで見られるコンサートなどですね。

★ 抽選で参加
> コンサートやファンミーティングのチケットの予約ができる有名なサイトでは、
> 日本語や英語の表記があり、外国人も簡単に入会や予約できるようになっている。
> 韓国語サイトでは、住民登録番号、外国人登録番号での認証が必要となっている。

チェ バル ダンチョム ドェッスミョン
제발 당첨 됐으면….
当たりますように…。

タンチョム ソチュイ
당첨 소취!
当選祈願！

★ 先着順で参加
> 一般的に、良い座席からR席ソク「Royal席」、
> S席ソク「Superior席」、A席ソク「A grade席」となっている。

ティケッティン ヒムネジャ
티켓팅 힘내자!
チケット予約頑張ろう！

オヌル ヨドル シ ピケッティンイヤ
오늘 여덟 시 피케팅이야.
> 피비は「血」。チケット発売開始時間は
> 「血を見る戦い」と表現して、
> チケットをピケットと表現している。

今日8時血ケッティング。

チョンガクブト グァンクレヤ ドェ
정각부터 광클해야 돼.
> 「광클 クァンクル」は光（광 クァン）のような
> スピードでクリックすること。

定刻になったら即クリックしなきゃ。

★ 座席が取れない
> 「이선좌 イソンジュァ」は「이미 선택된 좌석입니다
> イミ ソンテクテンジュァソギムニダ(すでに選択された座席です)」の略。

ポド アリ オプソ
포도알이 없어!
> 空席で表示される
> 印が紫色なので
> 「포도 ポド(ぶどう)」と
> 言われている。

取れる座席がない！

イソンジュァマン ットゥネ
이선좌만 뜨네.
「予約済み座席です」ばっかり。

58

チケットが瞬時に
完売して買えなかった
ことをいう。

（パンマル）**광탈했다….**

早速落ちちゃった…。

「취켓 チュイケッ」は「취소된 티켓 チュイソドェンティケッ」の略。

（パンマル）**취켓팅 노려야지.**
　　チュイケッティン　ノリョヤジ

キャンセルチケットを狙おう。

★ イベント参加が決まった後

「ソンムル」は韓国語で「贈り物」のこと。
手作りグッズを交換し合ったりするファン交流。

같이 가실 분 구해요.
　カチ　ガシル　ブン　グヘヨ

一緒に行く人、探してます。

선물 나눔해요.
　ソンムル　ナヌムヘヨ

ソンムル配ります。

포잇 뭐 질문할까요?
　ポイッ　ムォ　ジルムナルッカヨ

{ サイン会で質問がかぶらないように、
ファン同士が事前に打ち合わせをする。 }

ポストイットの質問、何にしましょうか？

（パンマル）**엠디(MD) 뭐 살까?**
　　エムディ　　　　ムォ　サルッカ

公式グッズ、何買おうかな？

公式グッズは
merchandiseの略でMDと言う。

（パンマル）**굿즈 리스트 나왔네!**
　　クッチュ　リストゥ　ナワンネ

グッズ公開されたね！

（パンマル）**응원봉 사야지.**
　　ウンウォンボン　サヤジ

ペンライト買わなきゃ。

検索に使える ♯リスト

イェメ ティケッ	ヒョンジャン パンメ ティケッ	ペンクルロブ ソンニェメ
예매 티켓	**현장 판매 티켓**	**팬클럽 선예매**
前売り券	当日券	ファンクラブ先行発売

イルバン ニェメ	チュチョム	ウンモ	ソンチャクスン
일반 예매	**추첨**	**응모**	**선착순**
一般発売	抽選	応募	先着順

メジン	ソボ ッタウン
매진	**서버 다운**
チケット完売	サーバーダウン

※ハッシュタグに使う場合はスペース（わかち書き）を取ってください。

★ 開場前

オディ ジュル ソヨ
어디 줄 서요?

どこに並べばいいですか？

ファジャンシル オディエヨ
화장실 어디예요?

トイレどこですか？

ティケッ シンブンチュン ファギナゲッスムニダ
티켓, 신분증 확인하겠습니다.

チケット、身分証を確認させていただきます。

カバン ジョム ヨロ ジュセヨ
가방 좀 열어 주세요.

かばんを開けてください。

サジン ッチクチ マセヨ
사진 찍지 마세요.

写真は撮らないでください。

チュル ソセヨ
줄 서세요.

並んでください。

ミルジ マセヨ
밀지 마세요.

押さないでください。

★ 会場入り後

ヨギ オディエヨ
여기 어디예요? }チケットを指さして、座席を聞くときに使う。

ここってどこですか？

ヨギ ジェ ジャリエヨ
여기 제 자리예요.

ここは私の席です。

チョヨンヒ ヘ ジュセヨ
조용히 해 주세요.

静かにしてください。

★ コンサート中のスターのフレーズ

ヨロブン チュルゴウォヨ
여러분~ 즐거워요?

みなさ～ん、楽しんでますか？

ソリ ジルロ
🔊 소리 질러~!!

叫んで～!!

タウム コク トゥルリョ ドゥリルケヨ
다음 곡 들려 드릴게요.

次の曲をお聞かせします。

ポルッソ マジマク コギエヨ
벌써 마지막 곡이에요.

早くも最後の曲です。

パクス
박수!
{ 手拍子のことも こう言う。

拍手！

タ ガチ ブルロヨ
다 같이 불러요!

みんなも一緒に歌ってください！

検索に使える **＃ リスト**

ポカ **포카** { 「포토카드 ポトカドゥ」の略。	トンメ **떡메** { 「떡제본 메모지 トクチェンボン メモジ」の略。	スティコ **스티커** { 「도무송 トムソン」と呼ぶこともある。
フォトカード	付箋	シール、ステッカー

スルロゴン **슬로건** { 応援メッセージやスターの写真をプリントした細長いタオルや紙のこと。	プチェ **부채**	チェッカルピ **책갈피**	コポルド **컵홀더**
スローガン	うちわ	しおり	コップホルダー

ヤンド **양도**	ムリョ **무료**	キョファン **교환**	サル ファファン **쌀 화환** { ファンがスターに米を贈り、スターはその米を寄付する。贈るものは米だけでなくお金そのものの場合もある。
譲渡、転売	無料	交換	米の花輪

ヒョンスマク **현수막**	ソポトゥ **서포트** { ファンが事務所や撮影現場に差し入れをすること。文字に書くときは「서폿 ソポッ」とすることもある。
横断幕	サポート

チャリョングムジ **촬영 금지**	ノグム グムジ **녹음 금지**
撮影禁止	録音禁止

※ハッシュタグに使う場合はスペース（わかち書き）を取ってください。

メモ

気に入ったフレーズや
自分でみつけた単語などを
書き留めましょう

ハングル ▶▶

意味 ▶▶

ていねい・パンマル

★ 公演中の掛け声

パンマル 사랑해!
（サランヘ）
愛してるよ！

パンマル 이쪽 봐!
（イッチョク ブァ）
こっち見て！

パンマル 불러 줘!
（プルロ ジュォ）
歌って！

パンマル 포토 타임!
（ポト タイム）
フォトタイム！

> 基本は撮影禁止だが、
> フォトタイムを設ける場合もある。
> スター自身がファンをバックに自撮りすることも。

パンマル 벗어!
（ポソ）
脱いで！

パンマル 싫어! 안 돼!
（シロ） （アンドェ）
イヤ！だめ！

> 「そろそろ終わる時間です」
> と言われたらこう言おう！

パンマル 복근!
（ポックン）
> 直訳は「腹筋！」。
筋肉(見せて)！

앙코르!
（アンコル）
アンコール！

오말 vs 앵콜!
（エンコル）

> 最近ではファンクラブが考案した
> 手に持つ応援グッズなどが配布されることも。
> スターによっていろいろな方法で
> アンコールを求める楽しみもある。

パンマル 또 한번 반했어요.
（ト） （ハンボン） （バネッソ） （ヨ）
惚れ直しました。（惚れ直しちゃった）

パンマル 감동해서 오열했어요.
（カムドンヘソ） （オヨレッソ） （ヨ）
感動して泣きました。（感動して泣いた）

検索に使える #リスト

응원법 （ウンウォンポプ） 応援法	**낮 공연** （ナッ コンヨン） 昼の部	**밤 공연** （パム ゴンヨン） 夜の部	公式的には「1部ィルブ」「2部ィブ」 という言い方をする。「1部」が昼の部、 「2部」が夜の部のこと。
공연 시작 （コンヨン シジャク） 開演	**공연 종료** （コンヨン ジョンニョ） 終演	**첫공** （チョッコン） 初日 「첫 번째 공연 チョッ ポンッチェ ゴンヨン」 の略。	**막공** （マッコン） 千秋楽 「마지막 공연 マジマク コンヨン」 の略。

※ハッシュタグに使う場合はスペース（わかち書き）を取ってください。

★ 終演後の余韻

「넘나 ノムナ」は「너무나 ノムナ」の略で
「あまりにも」という意味。

パンマル
오늘 의상 짱이었지?
オヌル ウィサン ッチャンイオッチ

今日の衣装、良かったよね？

パンマル
넘나 멋있었지?
ノムナ モシッソッチ

かっこよかったよね？

パンマル
내 쪽 봐 줬어.
ネ ッチョク ブァ ジュオッソ

こっち見てくれた。

パンマル
눈 마주친 거 같아!
ヌン マジュチン ゴ ガタ

目が合ったと思う！

パンマル
첫 곡은 그걸 줄 알았어!
チョッコグン ググル チュララッソ

1曲め、予想通りだった！

パンマル
행복해~.
ヘンボケ

しあわせ～。

「적 ジョク」は「～的」。
言っても言わなくても同じ意味。

パンマル
환상(적)이었어!
ファンサンジョギオッソ

超絶良かった！

パンマル
현빈 덕질하길 잘했어.
ヒョンビン ドクチラギル ジャレッソ

ヒョンビンのファンで良かった。

文化 ムヌァ 문화

ファンミやコンサートでスターの本名（韓国語名）を呼ぶとき、年上のスターは○○（名前）오빠（オッパ）！と呼ぶのが普通です。でもスターが自分と同い年・年下の場合、○○！と下の名前だけを呼んでいませんか。韓国では、親しい関係の同い年の人や年下の人の名前を呼ぶとき、名前の後ろに「아 ア」または「야 ヤ」をつけて、○○아ア！○○야ヤ！のように呼びます。これはスターを呼ぶときも同じです。もしこれをつけずに下の名前だけを呼ぶと、「あ、この人はわかってないな」と感じさせてしまいます。名前の最後の文字が子音で終わる（パッチムがある）か否かにより、아 アまたは야 ヤを使い分けますが、難しければ、名字＋名前で呼ぶとこなれた感じになります（例：김철수！キム・チョルス）。もちろん、○○아 ア！○○야ヤ！のほうがはるかに親しく聞こえるので、「지민 チミン」なら（パッチムがあったら）「지민아！チミナ！」、「은우 ウヌ」なら（パッチムが無かったら）「은우야！ウヌヤ！」と、愛情を込めて呼んでみましょう。아 アは「지민아！チミナ！」のようにパッチムが아 アの音とつながって、実際には「ア」ではなく、「が、ナ、ダ…」のような発音になります。

サイン会ほか <ruby>팬<rt>ペン</rt></ruby><ruby>사<rt>ッサ</rt></ruby><ruby>인<rt>イン</rt></ruby><ruby>회<rt>フェ</rt></ruby> <ruby>등<rt>ドゥン</rt></ruby>

スターと直接会える大切な機会。そんな瞬間を特別なものにするフレーズを集めています。

★ ～してください

<ruby>이거<rt>イゴ</rt></ruby> <ruby>해<rt>ヘ</rt></ruby> <ruby>주세요<rt>ジュセヨ</rt></ruby>.

これ⒜、してください。

入れ替え⒜

<ruby>하트<rt>ハトゥ</rt></ruby>	<ruby>모닝콜<rt>モニンコル</rt></ruby>	<ruby>꽃받침<rt>コッパッチム</rt></ruby>	<ruby>악수<rt>アクス</rt></ruby>	<ruby>윙크<rt>ウィンク</rt></ruby>	<ruby>개인기<rt>ケインギ</rt></ruby>
ハート	目覚ましメッセージ	花束ポーズ	握手	ウインク	得意技(一発芸)

<ruby>애교<rt>エギョ</rt></ruby> <ruby>보여<rt>ボヨ</rt></ruby> <ruby>주세요<rt>ジュセヨ</rt></ruby>. { かわいい身振りをしてほしいときに言う。

愛嬌⒝見せてください。

入れ替え⒝

<ruby>섹시 표정<rt>セクシ ピョジョン</rt></ruby>	<ruby>자신 있는 표정<rt>チャシニンヌン ピョジョン</rt></ruby>	<ruby>춤<rt>チュム</rt></ruby>
セクシーな顔	キメ顔	ダンス

<ruby>에리라고<rt>エリラゴ</rt></ruby> <ruby>불러<rt>ブルロ</rt></ruby> <ruby>주세요<rt>ジュセヨ</rt></ruby>.

エリと呼んでください。

<ruby>손잡아<rt>ソンジャバ</rt></ruby> <ruby>주세요<rt>ジュセヨ</rt></ruby>.

手を握ってください。

<ruby>노래해<rt>ノレヘ</rt></ruby> <ruby>주세요<rt>ジュセヨ</rt></ruby>.

歌ってください。

<ruby>건강<rt>コンガン</rt></ruby> <ruby>조심해요<rt>ジョシメヨ</rt></ruby>.

健康に気をつけてください。

★ 会えた喜びを伝える

만나서 행복해요!
<ruby>マンナソ<rt></rt></ruby> <ruby>ヘンボケヨ<rt></rt></ruby>
会えて幸せです！

오늘도 멋있어요!
<ruby>オヌルド<rt></rt></ruby> <ruby>モシッソヨ<rt></rt></ruby>
今日もかっこいいです！

짱!
<ruby>チャン<rt></rt></ruby>
最高！

앗싸~!
<ruby>アッサ<rt></rt></ruby>
やった～！

꿈 같아요.
<ruby>クム ガタヨ<rt></rt></ruby>
夢みたいです。

죽어도 여한이 없어요.
<ruby>チュゴド ヨハニ オプソヨ<rt></rt></ruby>
もう死んでもいいです。

진짜 보고 싶었어요.
<ruby>チンッチャ ボゴ シポッソヨ<rt></rt></ruby>
本当に会いたかったです。

★ 自己アピールをする

일본에서 왔어요.
<ruby>イルボネソ ワッソヨ<rt></rt></ruby>
日本から来たんです。

이거 선물이에요.
<ruby>イゴ ソンムリエヨ<rt></rt></ruby>
これ、プレゼントです。

{ サイン会で直接
プレゼントを渡せる。

저 기억해 주세요.
<ruby>チョ ギオケ ジュセヨ<rt></rt></ruby>
私のことを覚えてください。

잊지 마세요.
<ruby>イッチ マセヨ<rt></rt></ruby>
忘れないでください。

★ 別れ際に伝える

또 올게요.
<ruby>ト オルケヨ<rt></rt></ruby>
また来ますね。

꼭 또 만나요!
<ruby>コック ット マンナヨ<rt></rt></ruby>
必ずまた会いましょう！

気に入ったフレーズや
自分でみつけた単語などを
書き留めましょう

ハングル　　　　　　　　　てぃねぃ・パンマル

意味

ファンカフェ 팬카페

ファンカフェとはインターネット上に設けられた情報交換や交流のためのサイトです。入会すれば誰でも見られるようになります。

★ 入会したい

팬카페 가입하고 싶어요.

ファンカフェに入会したいです。

어떻게 가입해요?

{ すでに入会している人に
入会方法を聞いてみよう。

どう、入会すればいいですか？

★ 入会時のあいさつ例

오늘 가입했어요.

今日、入会しました。

잘 부탁합니다.

よろしくお願いいたします。

일본 사람이에요.

日本人です。

최근에 입덕했어요.

最近ファンになりました。

1년차 팬이에요.

{ 書き込みは数字でOK。
「○カ月」は「○개월차 ○ケウォルチャ」。

ファン歴1年です。

덕질 홧팅하겠습니다.

ファン活、頑張ります。

같이 응원해서 기뻐요.

一緒に応援できてうれしいです。

같이 덕질해요.

一緒にファン活しましょう。

★ 教えてください

많이 가르쳐 주세요.
マニ ガルチョ ジュセヨ

いろいろ教えてください。

入れ替え

어떻게 하는지
オットケ ハヌンジ
どうやるか

자세히
チャセヒ
詳しく

일본어로
イルボノロ
日本語で

★ ファンカフェ情報

카페지기
カペジギ
カフェの代表

회원수
フェウォンス
会員数

방문 수
バンムン ス
訪問者数

소속사
ソソクサ
事務所

내 정보
ネ ジョンボ
私の情報

탈퇴
タルトェ
退会

모집
モジブ
募集

안내
アンネ
案内

文化
문화 ファンカフェとは？
ムヌァ

　ファンカフェには、スターの事務所で作った「公式ファンカフェ」とファンたちが作った「私設のファンカフェ」があります。多くはDAUMまたはNAVERにあり、誰でも加入できますが、加入時に簡単な問題に答えなければならないところや、一部のメニュー（掲示板）はカフェ内の会員のレベルによって利用が限られているものなどさまざまです。多くの公式ファンカフェではスターのスケジュールをアップしたり、イベントに関するお知らせや、ファンカフェの会員しか見られない特典画像、動画を公開したりするため、好きなスターのファンカフェに加入しておくと、多くの情報が得られます。また、ファン同士でいろいろな情報交換や交流もでき、最近は韓国国外のファン同士で情報共有できる掲示板があるファンカフェも少なくありません。まず、情報を見るだけでも参加してみましょう。

★ ファンカフェでよく使うフレーズ

다 같이 투표해요.
（タ ガチ トゥピョヘヨ）

みんなで投票しましょう。

투표 인증합니다.
（トゥピョ インジュンハムニダ）

投票証明します。

> 自分が投票したことを
> 証明するスクショをアップする。

스밍해요.
（スミンヘヨ）

ストリーミングしましょう。

성운시
（ソンウン シ）

> 好きなアイドルが3月22日生まれだったら、
> 午前3時22分、午後3時22分に「〇〇시」とメッセージを書く。

ソンウン(名前)時

이거 좀 봐 주세요.
（イゴ ジョム ブァ ジュセヨ）

これちょっと見てください。

이거 보셨어요?
（イゴ ボショッソヨ）

こちらご覧になりましたか？

덕질 초보인데요….
（トクチル チョボインデヨ）

ファン活初心者ですが…。

나눔합니다.
（ナヌムハムニダ）

> ファン同士で自作の応援グッズを
> 交換することを指す。

ソンムルします。

총공 함께 해요.
（チョンゴン ハムケ ヘヨ）

総攻撃に参加しましょう。

꼭 봐 주세요!
（コク ブァ ジュセヨ）

必見です！

문화（ムヌァ）　文化

チャートの順位を上げるために、有名なアイドルのファンたちは「음원총공팀 ウムォンチョンゴンティム（音源総攻撃チーム）」略して「음총팀 ウムチョンティム」という集まりを作ります。そのチームで「스밍권장 리스트 スミングォンジャン リストゥ（ストリーミングおすすめリスト）」を作るなど、他のファンたちを率いて自分たちのアイドルをサポートします。この活動の一環で、日時を決めて、短時間に集中的にファンたちが一丸となって参加するものを「총공 チョンゴン（総攻撃）」といいます。

★ 感想

> ファンカフェには、「後記 フギ」という感想を書く欄がある。

고막 다 녹았어요.
コマク タ ノガッソヨ

> 直訳は「鼓膜がすべて溶けちゃいました」。

声がたまらなく素敵です。

오늘 의상 대박!
オヌル ウィサン デバク

衣装が超かっこいい!

몸이 안 좋아 보였는데….
モミ アン ジョア ボヨンヌンデ

体調悪そうだったけど…。

감동해서 오열했어요.
カムドンヘソ オヨレッソヨ

感動で泣けました。

★ 一行応援

> ファンカフェには「한줄응원 ハンジュルンウォン」という短い応援メッセージを書く欄がある。

신곡 너무 좋아요.
シンゴク ノム ジョアヨ

新曲、気に入りました。

오늘도 사랑해요!
オヌルド サランヘヨ

今日も愛してます!

좋은 하루 보내요!
チョウン ハル ボネヨ

いい一日になりますように!

항상 응원해요.
ハンサン ウンウォネヨ

いつも応援しています。

이번 앨범 흥해라!
イボン エルボム フンヘラ

今度のアルバムが成功しますように!

천사가 강림한 줄….
チョンサガ ガンニマン ジュル

天使が降臨したかと思った…。

지구 뿌셔! 우주 뿌셔!
チグ ップショ ウジュ ップショ

> とんでもなくかわいいものや人を見たときに、若い女性がよく使う表現。直訳は「地球壊せ!宇宙壊せ!」。

かわいすぎて破壊したい!

오늘도 눈 호강했다.
オヌルド ヌン ホガンヘッタ

今日も目の保養だった。

ファンカフェでよく使われる掲示

全体案内	**전체공지** チョンチェゴンジ	運営する事務所から会員全体へのお知らせ
イベント案内	**이벤트공지 / 이벤트방** イベントゥゴンジ/イベントゥバン	イベントに関する案内
音楽番組案内	**공방공지** コンバンゴンジ	音楽番組の観覧募集、当選者発表など
スケジュール案内	**스케줄방** スケジュルバン	スターのスケジュールを知らせる
応援法	**응원법** ウンウォンポプ	応援法を教える動画を公開。 これを見て練習しよう
公式資料	**공식자료** コンシクチャリョ	公式写真や動画などのコンテンツをアップロードする
スターへのメッセージ	**○○에게** ○○エゲ	スターへのメッセージを書き込めます。 →에게 エゲ は「～に」の意味
スターからメッセージ	**○○가** ○○ガ	スターがファンたちへのメッセージを書く→가 ガ は「～より」の意味
入会あいさつ	**가입인사** カイビンサ	入会した人が自己紹介やあいさつを書く
出席チェック	**출석체크** チュルソクチェク	自分がこのファンカフェにログインしたという印を残す
一行応援	**한줄응원** ハンジュルンウォン	短い応援メッセージを書き込む（69ページに記入例あり）
レベルアップ申し込み	**등업신청** トゥンオプシンチョン	レベルアップを申し込む
レベルアップ質問	**등업질문** トゥンオプチルムン	レベルアップのやり方などに関する質問をする
レベルアップお知らせ	**등업공지** トゥンオプコンジ	レベルアップの日程や手順の案内が見られる

レベルアップ 申し込みのリターン	등업리턴 トゥンオムニトン	条件を満たさない申し込みを表示。訂正後、再度申請ができる
親睦	친목 チンモク	会員同士で話したいことを自由に書く
自由おしゃべり	자유수다 チャユスダ	
自由掲示板	자유게시판 チャユゲシパン	
認証	인증 インジュン	ストリーミングのスクショやアルバムを購入したという証拠の写真などをアップする
感想	후기 フギ	コンサートやファンミなどに行ってきた感想を書き込む（69ページに記入例あり）
ニックネームの固定	닉넴도금 ニンネムドグム	同じニックネームにならないように記入することで新規会員が検索できるようになる
会員写真 / 写真資料	회원사진 / 사진자료 フェウォンサジン / サジンジャリョ	会員が自分で撮った写真や描いた絵などをアップする
会員動画 / 動画資料	회원영상 / 영상자료 フェウォンニョンサン / ヨンサンジャリョ	会員が自分で撮ったり、作った動画をアップする
質問と答え	질문답변 チルムンダプピョン	ファンカフェやスターに関する質問を書き、答えてもらう
提案	건의사항 コニサハン	ファンカフェに提案したいことを書き込む
会員告発	회원신고 フェウォンシンゴ	告発したいことやルールを守らない会員を知らせるとき使う
差し戻された掲示物	리턴게시 リトンゲシ	何らかのルールを破った掲示物はここに移動される

情報を集める 정보 수집

（チョンボ　スジブ）

スターの情報を人に聞いたり、ネットを使って
気になるものを調べたりするときに使えるフレーズを集めています。

★ 知りたい

（パンマル）알고 싶어요.
（アルゴ　シポ　ヨ）
知りたいです。（知りたい）

더 알려 주세요.
（ト　アルリョ　ジュセヨ）
もっと詳しく教えてください。

그게 내가 찾던 거예요!
（クゲ　ネガ　チャットン　ゴエヨ）
それ知りたかったです！

（パンマル）언제 발표돼요?
（オンジェ　バルピョデ　ヨ）
いつ発表されますか？（いつ発表なの？）

★ 情報を集める

（パンマル）어떻게 찾아요?
（オットケ　チャジャ　ヨ）
どう調べたらいいですか？（何で調べたらいい？）

（パンマル）어떻게 알았어요?
（オットケ　アラッソ　ヨ）
何で知りましたか？（何で知ったの？）

（パンマル）검색해 봐요.
（コムセケ　ファ　ヨ）
検索してみてください。（検索してみて）

（パンマル）아직 미공개인 거 같아요.
（アジク　ミゴンゲイン　ゴ　ガタ　ヨ）
まだ未公開みたいです。（まだ未公開みたい）

（パンマル）SNS에 써 있었어요.
（エッスエネッスエ　ッソ　イッソッソ　ヨ）
SNSに書いてました。（SNSに書いてたよ）

文化
（ムヌァ）
문화

韓国では「食通・食マニア」のことを「먹잘알 モクチャラル」（食べることをよく知って
いる人の略）、「メイクマニア」のことを「화잘알 ファジャラル」（お化粧について詳しい
人の略）などと言ったりします。そして、「ファン心理をよくわかっているスター」に
は「팬잘알 ペンジャラル」（ファンが喜ぶことをわかるスターの略）という言葉がよく使われています。

★ 知っている・知らない

 좋은 방법 알아**요**？

チョウン バンボプ アラ ヨ

いい方法を知ってますか？ （いい方法を知ってる？）

(返事) 알고 있어**요**.

アルゴ イッソ ヨ

知っています。 （知ってるよ）

(返事) 몰라**요**.

モルラ ヨ

知りません。 （知らないよ）

★ 芸能ニュース記事タイトル

1년째 열애 중？

イルリョンッチェ ヨレ ジュン

1年間交際中？

 「데이트 포착 テイトゥ ポチャク（デート目撃）」
などと続くことも！

컴백 예고 티저 공개

コムベク ニェゴ ティジョ ゴンゲ

カムバック予告一部を公開

検索に使える #リスト

앨범 발매	음원 공개	예능	방송일
エルボム バルメ	ウムォン ゴンゲ	イェヌン	バンソンイル
アルバム発売	音楽配信	芸能、バラエティ	放送日

출연	컴백
チュリョン	コムベク
出演	カムバック

컴백｛ K-POP歌手は新曲で1カ月ほど活動し、数カ月間活動を休止する。その後また新曲で戻ってくることを「컴백 コムベク」と言う。

무대	공연	신곡	정보	스캔들/열애설
ム デ	コンヨン	シンゴク	チョンボ	スケンドゥル ヨレソル
ステージ（舞台）	公演	新曲	情報	スキャンダル

기사	(동)영상		직캠	
キサ	トン ヨンサン		チッケム	
記事	動画		ファンカム	

(동)영상｛「동 トン」は言っても言わなくても同じ意味。

직캠｛「推し」だけを追った映像。

※ハッシュタグに使う場合はスペース（わかち書き）を取ってください。

> **티켓팅 힘내자!**
> ティケッティン ヒムネジャ
> チケット予約頑張ろう！

> **사랑해!**
> サランヘ
> 愛してるよ！

> **와 줘서 고마워요.**
> ワ ジュォソ ゴマウォヨ
> 来てくれてありがとうございます。

제발 당첨 됐으면….

당첨 소취!

ファン活動 ―書いて覚える なりきり会話―

解説

チェバル ダンチョム ドェッスミョン
제발 당첨 됐으면…
「当たりますように…」。

タンチョム ソチュィ
당첨 소취! 「当選祈願！」。

チケットを取るのが大変なのは、日本も韓国も同じ。このフレーズで気持ちを共有して。

이쪽 봐!

앙코르!

解説

イッチョク プァ
이쪽 봐! 「こっち見て！」。

アンコル
앙코르! 「アンコール！」。

スターとの時間は一瞬。短い言葉でしっかり気持ちを伝えられるようにしておきましょう。

꿈 같아요.

만나서 행복해요!

解説

クム ガタヨ
꿈 같아요. 「夢みたいです」。

マンナソ　ヘンボケヨ
만나서 행복해요!
「会えて幸せです！」。

「夢みたいです」「幸せです」などは、韓国では自然によく使われる言葉です。恥ずかしがらずに使ってみてください。

スケジュール 스케줄
<small>スケ ジュル</small>

ファン活に必要なスケジュールの確認や計画、必要な日にち、曜日、
時間帯などの表現を集めています。日常の予定にも使えます。

☆ 予定を伝える・確認する

<small>タウム コムベギル オンジェエヨ</small>

다음 컴백일 언제예요?

次のカムバック日はいつですか？

<small>タウン ダウムタリエヨ</small>

(返事) 다음은 다음달이에요.

次は来月です。

<small>タウムチュ ウォリョイリン ゴッカタ ヨ</small>

(返事)(パンマル) 다음주 월요일인 것 같아요.

来週の月曜日みたいですよ。(来週の月曜日みたいよ)

<small>イリョイル シガニッソ ヨ</small>

(パンマル) 일요일 시간 있어요?

{ 最初に「다음주 タウムチュ」をつければ
「来週の日曜日は…」になる。

日曜日は空いてますか？(日曜日、空いてる？)

<small>カチ ガルス イッソ ヨ</small>

(パンマル) 같이 갈 수 있어요?

{ 「今日」「明日」「次回」などを
前につけて言える。

一緒に行けますか？(一緒に行ける？)

★ 曜日　※(~に)の場合は~에(エ)をつける

<small>イリョイル</small>
일요일
日曜日

<small>ウォリョイル</small>
월요일
月曜日

<small>ファヨイル</small>
화요일
火曜日

<small>スヨイル</small>
수요일
水曜日

<small>モギョイル</small>
목요일
木曜日

<small>クミョイル</small>
금요일
金曜日

<small>トヨイル</small>
토요일
土曜日

★ 朝・昼・晩　※(〜に)の場合は〜에(エ)をつける

アチム	ナッ	チョニョク	バム	セビョク	シミャ
아침	낮	저녁	밤	새벽	심야
朝	昼	夕方	夜	夜明け	深夜

★ 今日・明日

オヌル	ネイル	モレ	オジェ
오늘	내일	모레	어제
今日	明日	明後日	昨日

★ 今月・来月　※(〜に)の場合は〜에(エ)をつける

イボン タル	タウムタル	イボン チュ	タウムチュ
이번 달	다음달	이번 주	다음주
今月	来月	今週	来週

★ 毎日・毎週

メイル	メジュ	メウォル	メニョン
매일	매주	매월	매년
毎日	毎週	毎月	毎年

★ その他

ト	キョルグク	トゥディオ	タウメ	ブト	カジ
또	결국	드디어	다음에	부터	까지
また	ついに	やっと(ついに)	次回	から	まで

シジャク	クッ
시작	끝
開始	終わり

※数字については、126〜127ページをご覧ください。

★ 行きたい・行けない

（パンマル） 팬싸에 가고 싶어요.
　ペンッサエ　ガゴ　シポ　ヨ

> サイン会は公式には「팬사인회 ペンッサインフェ」と書くが、ファンの間では「팬싸 ペンッサ」と略して言う。

サイン会に行きたいです。（サイン会に行きたい）

（パンマル） 올해는 콘서트에 못 갔어요.
　オレヌン　コンソトゥエ　モッ カッソ　ヨ

今年はコンサートに行けていません。（今年はコンサートに行けてない）

（パンマル） 가고 싶은데요.
　ガゴ　シブンデ　ヨ

行きたいんですけど。（行きたいんだけど）

（パンマル） 못 갈 거 같아요.
　モッ カル コ ガタ　ヨ

行けそうにないです。（行けそうにない）

（パンマル） 휴가가 부족해요.
　ヒュガガ　ブジョケ　ヨ

休みが足りないです。（休みが足りない）

（パンマル） 어떻게 될지 몰라요.
　オットケ　ドェルチ　モルラ　ヨ

予定が読めないです。（予定が読めない）

★ 行く・帰る

（パンマル） 갈게요.
　カルケ　ヨ

行きます。（行くね）

（パンマル） 들어갈게요.
　トゥロガルケ　ヨ

> 左は近距離で日々の移動で使う「帰る」。旅行など距離のある場合は右を使う。

帰ります。（帰るね）

（パンマル） 돌아가요.
　トラガ　ヨ

帰ります。（帰るの）

（パンマル） 귀국해요.
　クィグケ　ヨ

帰国します。（帰国するよ）

（パンマル） 갔다 왔어요.
　カッタ　ワッソ　ヨ

行ってきました。（行ってきた）

★ いよいよ

（パンマル） 드디어 만나네.
　トゥディオ　マンナネ

いよいよ会えるね。

（パンマル） 겨우 가게 됐어.
　キョウ　ガゲ　ドェッソ

やっと行ける。

★ 発表・中止・延期

^{パンマル} タウム コン バルピョ ナンネ
다음 콘 발표 났네. 〔「콘 콘」は「콘서트 コンソトゥ」の略。

次のコンサート発表されたね。

^{パンマル} トゥロッソ チュンジレ
들었어? 중지래.

聞いた？ 中止だって。

^{パンマル} セ イルチョン ットッソ
새 일정 떴어?

新しい日程、出た？ (決まった？)

★ 間違えた

^{パンマル} エン シガン ジャルモダラッタ
엥? 시간 잘못 알았다!

あれ？ 時間間違えてた！

^{パンマル} チョム ヌジュル コ ガタ ヨ
좀 늦을 거 같아요.

ちょっと遅れそうです。 (遅れそう)

^{パンマル} チョム ミルォド ドェ ヨ
좀 미뤄도 돼요?

(別の日に)ずらしてもいいですか？
(ずらしてもいい？)

^{パンマル} ヤクソギッソ ヨ
약속 있어요.

約束があります。 (約束があるの)

〔予定という言葉は使わず約束、
先約(선약 ソニャク)と言うことが多い。

検索に使える #リスト

チェジョジョン	イェヤク	ヤクソク	チュィソ	ヨンギ	ヨルラク
재조정	예약	약속	취소	연기	연락
リスケ	予約	約束	キャンセル	延期	連絡

メモ

ハングル　　　　　　　　　　ていねい・パンマル

気に入ったフレーズや
自分でみつけた単語などを
書き留めましょう

意味

お祝いする 축하 _{チュカ}

スターの誕生日や受賞などおめでたいときにSNSで使える
フレーズを集めています。身近な人のお祝いにも使ってみてください。

★ おめでとうございます

（パンマル） ^{センイル}생일 ^{チュカヘ}축하해^ヨ요！

誕生日おめでとうございます！（誕生日おめでとう！）

入れ替え

| ^{キョロン}결혼
結婚 | ^{モクピョ} ^{ダルソン}목표 달성
目標達成 | ^{コムベク}컴백
カムバック | ^{イバク}입학
入学 | ^{ハプキョク}합격
合格 | ^{チョロプ}졸업
卒業 |

（パンマル） 1위 ^{イルィ} ^{ジョンマル}정말 ^{チュカヘ}축하해^ヨ요．

1位本当におめでとうございます。（1位本当におめでとう）

入れ替え

| ^{オベギル}500일
500日 | ^{スサン}수상
受賞 | ^{テビュイ} ^{イルチュニョン}데뷔 1주년
デビュー1周年 |

^{チュカドゥリムニダ}축하드립니다．{ かなり堅い表現。

お祝い申し上げます。

（パンマル） ^{チュカチュカ}축하축하！ ^{チュカチュカ}추카추카！

おめでとう！

^{テダネヨ}대단해요！ ^{チョロヨ}쩔어요！

すごいです！

^{セヘ}새해 ^{ボン}복 ^{マニ}많이 ^{パドゥセヨ}받으세요．

新年あけましておめでとうございます。

{ 直訳は「新年に福をたくさんお受け取りください」。
「よいお年をお迎えください」という意味もあり、
年末年始ともに使える言葉。

★ 誕生日のお祝い

ヘピ　ボッスデイ
해피 버스데이!

ハッピーバースデー！

ヘピ　ジソン　デイ
해피 지성 데이!

ハッピー ジソン（名前）デー！

★ その他

（パンマル）オッパガ　ジャランスロウォ　ヨ
오빠가 자랑스러워요.

オッパが誇らしいです。（オッパが誇らしい）

ヘンボカン　ハルガ　ドェギル　バラヨ
행복한 하루가 되길 바라요.

幸せな一日になりますように。

（パンマル）チャレッソ　ヨ
잘했어요! { 左は評価の意味があり、右は心配していたことが無事にでき安心した意味がある。 } チャルドェッソヨ
잘됐어요!

よくできましたね！（よくやったね！）　　　　　　　　　　良かったです！

（パンマル）ナド　ギッポ　ヨ
나도 기뻐요!

私もうれしいです！（私もうれしい！）

（パンマル）スゴ　コセン　ヘッソ　ヨ
수고/고생 했어요.

頑張りましたね。（頑張ったね）

検索に使える # リスト

ソンムル
선물
プレゼント

キニョミル
기념일
記念日

テビィ
데뷔
デビュー

ミョククク
미역국
わかめスープ

{ わかめスープは体力回復や母乳の出がよくなるなどの理由から産後に飲まれている。そのため母親は出産時を思い出し、子どもは母への感謝の気持ちを持って、誕生日に食べる特別な食べ物。 }

ファン活動 ─ お祝いする ─ 축하 ─

ロケ地巡りほか
촬영지 탐방 등
チュァリョンジ タム バン ドゥン

ドラマや映画のロケ地、スターが所属する事務所を巡るのも、
韓国に行ったらしたいことの1つです。

★ 道を聞く

촬영지가 어디예요?
チュァリョンジガ　オディエヨ

ロケ地はどこですか？

> 何のドラマか、
> どこの公園かなど相手にわかるよう、
> パンフレットや地図などを指さして言うとよい。

入れ替え

소속사가
ソソクサガ
事務所は

이 건물이
イ　ゴンムリ
この建物は

이 공원이
イ　ゴンウォニ
この公園は

이 가게가
イ　ガゲガ
このお店は

방송국이
パンソングギ
テレビ局は

주인공 집이
チュインゴン　ジビ
主人公の家は

（返事）**저기예요.**
チョギエヨ

あそこです。

> ほかには「여기예요.ヨギエヨ(ここです)」
> 「이거/저거예요.イゴ／チョゴエヨ(これ・あれです)」
> 「아니에요.アニエヨ(違います)」などが考えられる。

（返事）（パンマル）**모르겠는데요.**
モルゲンヌンデ　ヨ

知りません。（知らないね）

★ 確認する

여기서 가까워요?
ヨギソ　ガッカウォヨ

ここから近いですか？

이쪽 맞나요?
イッチョン　マンナヨ

こっちで合ってますか？

スターの名前を言いたいときは「님ニム(様)」がおすすめ。

<ruby>지우<rt>チウ</rt></ruby> <ruby>님<rt>ニム</rt></ruby> <ruby>보신<rt>ボシン</rt></ruby> <ruby>적<rt>ジョギッ</rt></ruby> <ruby>있어요?<rt>ッソヨ</rt></ruby>

パッチムがない名前の後ろに「님ニム」がつくときは「○○ ンニム」という発音になることも多い。

ジウさん、見かけたことありますか？

<ruby>오늘은<rt>オヌルン</rt></ruby> <ruby>촬영<rt>チュアリョン</rt></ruby> <ruby>없나요?<rt>オムナヨ</rt></ruby>

今日は撮影ありませんか？

<ruby>여기서<rt>ヨギソ</rt></ruby> <ruby>사진<rt>サジン</rt></ruby> <ruby>찍어도<rt>ッチゴド</rt></ruby> <ruby>돼요?<rt>ドェヨ</rt></ruby>

ここで写真撮ってもいいですか？

<ruby>오늘<rt>オヌル</rt></ruby> <ruby>출근했나요?<rt>チュルグンヘンナヨ</rt></ruby>

スターが事務所に来ているか確認するときに使える。

今日出勤しましたか？

★ 現地にて

パンマル <ruby>드라마랑<rt>トゥラマラン</rt></ruby> <ruby>똑같다!<rt>ットッカッタ</rt></ruby>

ドラマと同じ！

パンマル <ruby>영화랑<rt>ヨンファラン</rt></ruby> <ruby>똑같이<rt>ットッカチ</rt></ruby> <ruby>해<rt>ヘ</rt></ruby> <ruby>보자.<rt>ボジャ</rt></ruby>

映画と同じことしてみよう。

パンマル <ruby>감동이다~!<rt>カムドンイダ</rt></ruby>

感動～！

パンマル <ruby>와!<rt>ワ</rt></ruby> <ruby>대박!<rt>テバク</rt></ruby>

良くも悪くも「すごい」と感嘆するのに使える便利な言葉。

わ！超ラッキー！

パンマル <ruby>여기구나!<rt>ヨギグナ</rt></ruby>

ここなんだ！

<ruby>뭐<rt>ムォ</rt></ruby> <ruby>찍는<rt>ッチンヌン</rt></ruby> <ruby>거예요?<rt>ゴエヨ</rt></ruby>

何を撮影してるんですか？

<ruby>누가<rt>ヌガ</rt></ruby> <ruby>있어요?<rt>イッソヨ</rt></ruby>

誰がいますか？

検索に使える #リスト

<ruby>드라마<rt>トゥラマ</rt></ruby>	<ruby>주인공<rt>チュインゴン</rt></ruby>	<ruby>배우<rt>ペウ</rt></ruby>
ドラマ	主人公	俳優
<ruby>촬영 차<rt>チュリョン チャ</rt></ruby>	<ruby>스태프<rt>ステプ</rt></ruby>	<ruby>촬영<rt>チュアリョン</rt></ruby>
ロケ車	スタッフ	撮影

※ハッシュタグに使う場合はスペース（わかち書き）を取ってください。

入隊・除隊  임대・제대 （イプテ チェデ）

男性スターの場合、避けて通れないのが国民の義務としての兵役。無事を祈り応援する気持ちを伝えましょう（90ページのコラムも参照）。

★ 入隊が決まったとき

5월에 입대하게 됐습니다.
（オウォレ イプテハゲ ドェッスムニダ）
5月に入隊することになりました。

오늘 입대 "다녀오겠습니다".
（オヌル イプテ タニョオゲッスムニダ）
今日入隊「行ってきます」。

최애가 입대한대….
（チュエガ イプテハンデ）
イチ推しが入隊するんだって…。

요말 나 곰신 확정….
（ナ ゴムシン ファクチョン）
推しメン入隊決定…。

{ 直訳は「私、"ゴムの靴"確定…」。

★ 入隊前

（パンマル）건강하게 잘 다녀와요.
（コンガンハゲ ジャル ダニョワ ヨ）
体に気をつけて行ってらっしゃい。（体に気をつけて行ってね）

（パンマル）기다릴게요.
（キダリルケ ヨ）
待っています。（待ってる）

（パンマル）꽃신 신을 때까지 기다릴게요.
（コッシン シヌル ッテッカジ ギダリルッケ ヨ）
戻ってくるまで待っています。（戻ってくるまで待ってる）

{ 直訳は「花柄の靴を履くときまで待っています」。

（パンマル）잊지 않을게요.
（イッチ アヌルケ ヨ）
忘れません。（忘れないよ）

（パンマル）고무신 거꾸로 안 신을게요.
（コムシン ゴックロ アン シヌルケ ヨ）
忘れません。（忘れないよ）

{ 直訳は「ゴムの靴を反対に履くことはしません」。

보고 싶을 거예요.
（ポゴ シブル コエヨ）
会いたくなります。

（パンマル）편지 보낼게요.
（ピョンジ ボネルケ ヨ）
手紙送ります。（手紙送るね）

★ 入隊中の応援メッセージ

(パンマル) 잘 지내고 있어요?
<ruby>チャル<rt></rt></ruby> <ruby>ジネゴ<rt></rt></ruby> <ruby>イッソ<rt></rt></ruby> <ruby>ヨ<rt></rt></ruby>
元気にしていますか？(元気にしてる？)

(パンマル) 아픈 데 없어요?
<ruby>アプン<rt></rt></ruby> <ruby>デ<rt></rt></ruby> <ruby>オプソ<rt></rt></ruby> <ruby>ヨ<rt></rt></ruby>
体調は大丈夫ですか？(体調大丈夫？)

(パンマル) 너무 보고 싶어요.
<ruby>ノム<rt></rt></ruby> <ruby>ボゴ<rt></rt></ruby> <ruby>シポ<rt></rt></ruby> <ruby>ヨ<rt></rt></ruby>
本当に会いたいです。(すごい会いたい)

(パンマル) 사진 보면서 힘낼게요.
<ruby>サジン<rt></rt></ruby> <ruby>ボミョンソ<rt></rt></ruby> <ruby>ヒムネルッケ<rt></rt></ruby> <ruby>ヨ<rt></rt></ruby>
写真見ながら頑張ります。(写真見ながら頑張る)

(パンマル) 무사히 돌아와야 돼요.
<ruby>ムサヒ<rt></rt></ruby> <ruby>ドラワヤ<rt></rt></ruby> <ruby>デ<rt></rt></ruby> <ruby>ヨ<rt></rt></ruby>
無事に帰ってきてください。
(無事に帰ってきてね)

(パンマル) 밥 잘 챙겨 먹어요.
<ruby>バブ<rt></rt></ruby> <ruby>チャル<rt></rt></ruby> <ruby>チェンギョ<rt></rt></ruby> <ruby>モゴ<rt></rt></ruby> <ruby>ヨ<rt></rt></ruby>
ご飯ちゃんと食べてください。
(ご飯ちゃんと食べてね)

★ 除隊後

(パンマル) 기다렸어요!
<ruby>キダリョッソ<rt></rt></ruby> <ruby>ヨ<rt></rt></ruby>
待っていました！(待ってた！)

(パンマル) 더 멋있어졌어요!
<ruby>ト<rt></rt></ruby> <ruby>モシッソジョッソ<rt></rt></ruby> <ruby>ヨ<rt></rt></ruby>
男らしくなりましたね！(男らしくなったね！)

(パンマル) 제대 축하해요!
<ruby>チェデ<rt></rt></ruby> <ruby>チュカヘ<rt></rt></ruby> <ruby>ヨ<rt></rt></ruby>
{ 除隊のことは他に「전역チョニョク」という言い方もある。
除隊おめでとうございます
(除隊おめでとう！)

(パンマル) 이제 진짜 상남자다! /
<ruby>イジェ<rt></rt></ruby> <ruby>ジンッチャ<rt></rt></ruby> <ruby>サンナムジャダ<rt></rt></ruby>
사나이다!
<ruby>サナイダ<rt></rt></ruby>
これでもう男の中の男だ！

(パンマル) 이제 꽃길만 걸어요.
<ruby>イジェ<rt></rt></ruby> <ruby>ッコッキルマン<rt></rt></ruby> <ruby>ゴロ<rt></rt></ruby> <ruby>ヨ<rt></rt></ruby>
いいことだけありますように。
(いいことだけあるように)
直訳は
「これからは花の道だけを
歩んでください」。

検索に使える #リスト

<ruby>イプテ<rt></rt></ruby> 입대 入隊	<ruby>チェデ<rt></rt></ruby> <ruby>チョニョク<rt></rt></ruby> 제대 / 전역 除隊
<ruby>ピョンヨク<rt></rt></ruby> 병역 兵役	<ruby>クンボク<rt></rt></ruby> 군복 軍服
<ruby>サクパル<rt></rt></ruby> <ruby>モリ<rt></rt></ruby> 삭발(머리) / <ruby>カッカモリ<rt></rt></ruby> 까까머리 坊主頭	
<ruby>フルリョン<rt></rt></ruby> 훈련 訓練	<ruby>ヘビョンデ<rt></rt></ruby> 해병대 海兵隊

ファンの心得

이거 어떻게 하는 거지…?

これ、どうやってやるんだろ…？

어? 방탄 팬카페네? 나도 아미야!!

どれ？ BTSのファンカフェ？ 私もARMYだよ!!
※BTSのファンクラブの名前をARMYと言う。

와~! 대박! 그럼 좀 가르쳐 줘.

え~！ びっくり！ じゃあちょっと教えて。

아~ 스밍? 해외팬은 뮤밍이 제일 쉬워.

あ~スミン？ 海外のファンはミュミンが一番かんたんだよ。

뮤밍? 그게 뭐야?

ミュミン？ それって何？

유튜브에서 뮤직비디오를 보면 돼.

YouTubeでミュージックビデオを見ればいいの。

好きなK-POPアイドルが一緒だと、話題はアイドル一色になりますね。聞きたいことを準備しておくと話がさらにもり上がります。

_{クンデ　イルボン　コン　ティケッネ　ッコド　ウンモヘ　ジュミョン アン ド}
근데, 일본 콘 티켓 내 꺼도 응모해 주면 안 돼?
ところで、日本コンサートのチケット、私の分も応募してもらえないかな？

_{ア　ットロジル　スド　インヌンデ}
아… 떨어질 수도 있는데….
え…、落ちるかもしれないよ…。

_{クェンチャナ　ブタク　チョム ハルケ}
괜찮아! 부탁 좀 할게!
大丈夫！お願い！

ここをチェック！

「이거 어떻게 하는 거지…? イゴ オットケ ハヌン ゴジ（これどうやってやるんだろ…）」は独り言。「これはどうやったらいい？」と聞くときは「이거 어떻게 하면 돼? イゴ オットケ ハミョン ドェ」と言います。使い勝手のいいフレーズですからぜひ使ってみてください。

「스밍 スミン（ストリーミング）」はファン活で最もよく使う言葉で、ファン活の中心的な活動でもあります。スミンしたことをスクショで証明することで、ファンカフェのレベルアップができたりするので重要ですが、海外在住の場合は韓国の音楽配信サイトで制限がかかることが考えられるため、ミュージックビデオを見る「뮤밍 ミュミン」が手軽にできるのです。

韓国から日本のチケットを買うのはかんたんではないので、このようなお願いをする人もいるかもしれません。日本人は相手の負担になりそうなお願いを遠慮する傾向がありますが、韓国人は日本人に比べるとその心理的抵抗が少ないようです。その代わり、自分に多少負担になることでも積極的に相手を助けようとする傾向もあるのです。

コムベギル オンジェエヨ

컴백일 언제예요?

カムバック日はいつですか？

スムルリョドルッポンッチェ センイル

28번째 생일!

28歳の誕生日！

タニョオゲッスムニダ

다녀오겠습니다.

行ってきます。

解答例

월요일인 것 같아.

解答例

다음은 다음 달이에요.

解説

월요일인 것 같아. ［月曜日みたいよ］。
ウォリョイリン ゴッ カタ

다음은 다음달이에요.
タウムン ダウムタリエヨ
［次は来月です］。

日にちの確認は日常でもよく使うので、ぜひ覚えておきましょう。

解答例

생일 축하해요.

解答例

해피 버스데이!

解説

생일 축하해요.
センイル チュカヘヨ
［誕生日おめでとうございます］。

해피 버스데이!
ヘピ ボッスデイ
［ハッピーバースデー！］。

「축하해요. チュカヘヨ」を覚えれば、いろいろな場面でお祝いの気持ちが伝えられます。

解答例

기다릴게요.

解答例

잊지 않을게요.

解説

기다릴게요. ［待っています］。
キダリルケヨ

잊지 않을게요. ［忘れません］。
イッチ アヌルケヨ

これらの言葉は日本語と同じ感覚で使えます。

兵役

　兵役のため軍隊に入隊する男性を待つことに関連する独特の表現を見てみましょう。韓国では、軍隊に行った恋人を待つ女性のことを「고무신 コムシン（ゴムの靴）」と呼び、彼氏が入隊することを「고무신을 신었다 コムシヌルシノッタ（ゴムの靴を履いている）」と表現します。また、入隊した恋人を待てずに浮気することは「고무신을 거꾸로 신다 コムシヌル ゴックロシンタ（ゴムの靴を反対に履く）」と言います。ゴムの靴とは、その昔、日常よく履かれていた靴のことですが、この言葉が入隊に関連して使われるようになったのには次のような由来があるとされています。

　ある女性が、彼氏が兵役から戻って来たことに気づかず、浮気しているところを見られ、ゴムの靴をきちんと履くこともできずに（ゴムの靴は柔らかいため、反対に履いてもそのまま歩くことができる）逃げていったというのです。そこから、「고무신 거꾸로 안 신을게요. コムシン ゴックロ アンシヌルッケヨ（ゴムの靴を反対に履きません＝浮気はしません、裏切りません）」という表現が使われ、逆に男性が入隊中に浮気することは、「군화를 거꾸로 신다 クナルル ゴックロ シンタ（軍靴を反対に履く）」と言うようになりました。

　一方、「除隊まで待っていたら、彼氏から（ゴムの靴の代わりに）花柄の靴をプレゼントされる」という言い伝えから、「꽃신 신을 때까지 기다릴게요. コッシン シヌル ッテッカジ ギダリルッケヨ（花柄の靴を履くまで待っています＝戻ってくるまで待っています）」という表現も生まれました。現在ではもちろん「ゴムの靴」は履かれていませんし、花柄の靴が贈られることもありませんが、これらの表現は今もよく使われています。

SNS

スターのSNSをチェックしたり、応援メッセージを書き込んだりするときに使えるフレーズを集めています。韓国人同士あるいは日韓カップルが日常を配信するカップルチャンネル、その他動画で見聞きするキラキラしたフレーズも覚えたいですね。

Instagram
インスタインスタグレム
인스타(인스타그램)

多くのスターがInstagramで情報を発信しています。
好きなスターをフォローして応援しながら韓国語に触れましょう。

★ 投稿コメント

オヌル ジャル ブァッソヨ
（バン マル） 오늘 잘 봤어요 ?

今日、見てくれましたか？(今日、見てくれた？)

オヌル ムデ ッコク ブァ ヨ
（バン マル） 오늘 무대 꼭 봐요 !

今日のステージ、ぜひご覧ください！
（今日のステージ、ぜひ見てね！）

ポンバン サス
본방 사수 !

本放送をぜひご覧あれ！

初回放送（再放送ではない）を
本放送という。「사수 サス(死守)」は
「死んでも見る」の意味。

ヨロブン ドクブネ イルィ ヘッソヨ
여러분 덕분에 1위 했어요 !

皆さんのおかげで1位、取りました！

チョアヨ ヌルロ ジュセヨ
좋아요! 눌러 주세요 .

いいね！してください。

オヌルン チュァリョンイ イッソヨ
오늘은 촬영이 있어요 !

今日は撮影があります！

ヨンスプ ット ヨンスプ
연습 또 연습

練習また練習

チョグム ピゴネ ヨ
（バン マル） 조금 피곤해요 .

ちょっと疲れました。(ちょっと疲れた)

マヌン グァンシム ウンウォン ブタクトゥリムニダ
많은 관심/응원 부탁드립니다 .

たくさんの関心/応援、お願いします。

ファンが自分の推している
アイドルのことを告知したいとき、
「많관부 マンガンブ」と略すことがある。

ヨロブン キデヘ ジュセヨ
여러분! 기대해 주세요 !

みなさん！ご期待(楽しみにして)ください！

★ ファンコメント

정말 **인형 같아요**.
<small>チョンマル</small> <small>イニョン</small> <small>ガッタ</small> <small>ヨ</small>

本当に[Ⓐ]　人形みたいです[Ⓑ]。（人形みたい）

入れ替えⒶ

진짜
<small>チンチャ</small>
ほんとに（マジで）

너무
<small>ノム</small>
とても

완전
<small>ワンジョン</small>
ほんっとに（完全に）

入れ替えⒷ

（パンマル）　**귀여워요**.
<small>クィヨウォ</small> <small>ヨ</small>
かわいいです。（かわいい）
{ 子どもっぽいイメージが含まれている。

（パンマル）　**예뻐요**.
<small>イェッポ</small> <small>ヨ</small>
きれいです。（きれい）
{ きれいなかわいさ、きれいでかわいいことをいう。

（パンマル）　**미모 미쳤다**.
<small>ミモ</small> <small>ミチョッタ</small>
美貌、すごい。（信じられない美貌）

（パンマル）　**잘생쁘다**.
<small>チャルセンップダ</small>
カッコかわいい。（少年っぽいかっこよさ）
{ 「잘생기다 チャルセンギダ（かっこいい）＋예쁘다 イェップダ（かわいい）」の合成語。

（パンマル）　**아름다워요**.
<small>アルムダウォ</small> <small>ヨ</small>
美しいです。（美しい）

（パンマル）　**섹시해요**.
<small>セクシヘ</small> <small>ヨ</small>
セクシーです。（セクシー）

SNS | Instagram | 인스타（인스타그램）|

メモ

気に入ったフレーズや
自分でみつけた単語などを
書き留めましょう

ハングル　　　　　　　ていねい・パンマル

意味

Twitter 트위터 (現X 엑스)
トゥウィト　エクス

文字数制限に合う短い文章で伝える言葉を集めています。
スターから直接届くメッセージもあり、ファン活の大事な情報源です。

★ 投稿コメント

（パンマル）**(이거) 어때요?**
イゴ　オッテ　ヨ

(これ)どうですか？(〈これ〉どう？)

이거 괜찮죠?
イゴ　グェンチャンチョ

> 「죠チョ」を「지チ」に
> 変えるとタメロになる。

これ、いいでしょう？

예쁘죠?
イェップジョ

きれい(かわいい)でしょう？

（パンマル）**어울려요?**
オウルリョ　ヨ

似合っていますか？(似合ってる？)

（パンマル）**좀 괜찮은데?**
チョム　グェンチャヌンデ

ちょっといい感じじゃない？

（パンマル）**내 꿈 꿔요!**
ネ　ックムックォ　ヨ

僕の夢を見てください！(僕の夢を見てね)

팔로우해 주세요.
パルロウヘ　ジュセヨ

フォローしてください。

（パンマル）**멋있지?**
モシッチ

> 「지チ」を「죠チョ」に
> 変えるとていねいになる。

かっこいいでしょ？

★ ファンコメント

<ruby>멋<rt>モ</rt>있<rt>シッ</rt>어<rt>ソ</rt></ruby> <ruby>요<rt>ヨ</rt></ruby>.
(パンマル) 멋있어요.

かっこいいです。（かっこいい）

<ruby>눈<rt>ヌン</rt>부<rt>ブ</rt>셔<rt>ショ</rt></ruby> <ruby>요<rt>ヨ</rt></ruby>.
(パンマル) 눈부셔요.

まぶしいです。（まぶしい）

<ruby>잘<rt>チャル</rt> 어<rt>オ</rt>울<rt>ウル</rt>려<rt>リョ</rt></ruby> <ruby>요<rt>ヨ</rt></ruby>.
(パンマル) 잘 어울려요.

よく似合います。（よく似合うよ）

<ruby>딱<rt>タク</rt> 오<rt>オッ</rt>빠<rt>パ</rt> 꺼<rt>ッコ</rt>다<rt>ダ</rt></ruby>!
(パンマル) 딱 오빠 꺼다!

オッパにぴったり！

(パンマル) <ruby>세<rt>セ</rt>상<rt>サン</rt>에<rt>エ</rt>서<rt>ソ</rt></ruby> <ruby>제<rt>ジェ</rt>일<rt>イル</rt></ruby> <ruby>멋<rt>モ</rt>있<rt>シッ</rt>다<rt>タ</rt></ruby>.

世界一かっこいい。

요말 <ruby>세<rt>セ</rt>젤<rt>ジェル</rt>멋<rt>モッ</rt></ruby>.

(パンマル) <ruby>세<rt>セ</rt>상<rt>サン</rt>에<rt>エ</rt>서<rt>ソ</rt></ruby> <ruby>제<rt>ジェ</rt>일<rt>イル</rt></ruby> <ruby>예<rt>イ</rt>쁘<rt>エッ</rt>다<rt>ブダ</rt></ruby>.

世界一かわいい。

요말 <ruby>세<rt>セ</rt>젤<rt>ジェル</rt>예<rt>リェ</rt></ruby>.

<ruby>숨<rt>スミ</rt>이</ruby> <ruby>멎<rt>モジュル</rt>을</ruby> <ruby>수<rt>スド</rt>도</ruby> <ruby>있<rt>イッスニ</rt>으니</ruby> <ruby>주<rt>ジュイハセヨ</rt>의하세요</ruby>.

（かわいすぎて、かっこよすぎて）窒息注意。

요말 <ruby>숨<rt>スムモッ</rt>멎</ruby> <ruby>주<rt>チュウィ</rt>의</ruby>.

(パンマル) <ruby>미<rt>ミ</rt>쳤<rt>チョッタ</rt>다<rt></rt></ruby>, <ruby>미<rt>ミ</rt>쳤<rt>チョッソ</rt>어<rt></rt></ruby>.

信じられないかっこよさ<ruby>（かわいさ）</ruby>。

요말 <ruby>ㅁㅊㄷㅁㅊㅇ<rt>ミ チョッタ ミ チョッソ</rt></ruby>
{ 子音だけを並べている。

検索に使える #リスト

<ruby>미남<rt>ミ ナム</rt></ruby>	<ruby>훈남<rt>フンナム</rt></ruby>	<ruby>남신<rt>ナムシン</rt></ruby>	<ruby>큐티섹시<rt>キュ ティッセクシ</rt></ruby>	<ruby>귀염뽀짝<rt>クィヨムッポッチャク</rt></ruby>
美男	癒やし系男子	男神	かわいくてセクシー	超かわいい

<ruby>아이돌<rt>アイドル</rt></ruby>	<ruby>완벽<rt>ワンビョク</rt></ruby>	<ruby>너무 예뻐요<rt>ノム イェッポヨ</rt></ruby>.	요말 <ruby>넘 이뻐요<rt>ノム イッポヨ</rt></ruby>.
アイドル	完璧	かわいすぎます。	

※ハッシュタグに使う場合はスペース（わかち書き）を取ってください。

ライブ配信 라방(라이브방송)
<small>ラ バン ライブ バンソン</small>

Instagram や YouTube ではライブ配信が行われることがあります。
韓国語でついたコメントが読めたらうれしいですね。

★ 配信者のフレーズ

시작했어요~. 짝짝짝!
<small>シジャケッソヨ チャクッチャクッチャク</small>

始まりました〜。パチパチパチ！

(パンマル) **오늘 뭐 할까요?**
<small>オヌル ムォ ハルッカ ヨ</small>

今日は何をしましょうか？(今日は何する？)

지금 몇 명이죠?
<small>チグム ミョンミョンイジョ</small>

今、何人でしょう？

(パンマル) **잘 들려요?**
<small>チャル ドゥリョ ヨ</small>

聞こえますか？(聞こえてる？)

(パンマル) **잘 보여요?**
<small>チャル ボヨ ヨ</small>

見えてますか？(見えてる？)

질문해 주세요.
<small>チルムネ ジュセヨ</small>

質問してください。

(パンマル) **뭐든지 물어 봐요.**
<small>ムォドゥンジ ムロ ファ ヨ</small>

何でも聞いてみてください。（何でも聞いてみて）

캡처 타임이에요!
<small>ケプチョ タイミエヨ</small>

スクショタイムです！

(パンマル) **예쁘게 찍어 줘요.**
<small>イェップゲ ッチゴ ジュォ ヨ</small>

きれいに撮ってください。（きれいに撮ってね）

(パンマル) **오늘 뭐 했어요?**
<small>オヌル ムォ ヘッソ ヨ</small>

今日、何をしましたか？(今日、何した？)

(パンマル) **오늘 뭐 먹었어요?**
<small>オヌル ムォ モゴッソ ヨ</small>

今日、何を食べましたか？(今日、何食べた？)

★ 視聴者のコメント

(パンマル) 쉴 때 뭐해요?
〔シュイルッテ ムォヘ ヨ〕

休みのときは何をしますか？（休みのときは何してる？）

(パンマル) 요즘 뭐 들어요?
〔ヨジュム ムォ ドゥロ ヨ〕

最近どんな歌、聞いていますか？（最近どんな歌、聞いてる？）

(パンマル) 왜 이렇게 예뻐요?
〔ウェ イロケ イェッポ ヨ〕

何でこんなにかわいいんですか？（何でこんなにかわいいの？）

(パンマル) 오늘도 홧팅!
〔オヌルド ファッティン〕

今日も頑張って！（ファイト！）

> 「열일하다 ヨルリラダ」は
> 「열심히 일하다 ヨルシミ イラダ」の略。
> 直訳は「美貌が頑張って仕事をしている」。

(パンマル) 오늘도 미모가 열일하네요.
〔オヌルド ミモガ ヨルリラネ ヨ〕

今日も輝くばかりの美貌ですね。（今日も輝くばかりの美貌だね）

> 「차에 치이다 チャエ チイダ(車にひかれる)」の
> 「ひかれる」にかけて言う。

(パンマル) 미모 너무 치이네요.
〔ミモ ノム チイネ ヨ〕

あなたの美貌にひかれました。（あなたの美貌にひかれちゃう）

★ 短い一言コメント

(パンマル) 울 애기
〔ウレギ〕

> 「우리 아기 ウリアギ(私たちの赤ちゃん)」
> の略。対象は男女問わず使える。

ベイビー

(パンマル) 너무 웃겨!
〔ノム ウッキョ〕

超ウケる！

깍!
〔キャク〕

キャー！

와!
〔ワ〕

わーい！

(パンマル) 최고!
〔チュェゴ〕

最高！

(パンマル) 한 번 더!
〔ハン ボンド〕

もう1回！

SNS ―ライブ配信―라방 (라이브방송) ―

97

グルメチャンネル 먹방
モッ バン

YouTubeは今の韓国を知るのにうってつけです。
まずは、人気のグルメチャンネル(モッパン)でよく見聞きする
フレーズを覚えてみましょう。

★ 投稿者のフレーズ

맛있겠죠?
マシッケッチョ

おいしそうでしょう?

(パンマル) **다 같이 밥 먹었어요.**
タ ガチ パン モゴッソ ヨ

みんなと一緒に食事しました。
(みんなと一緒に食事したよ)

> おやつカー(車)とはファンの人たちが
> キッチンカーなどでお弁当やコーヒーなどの
> 差し入れをするもの。SNSでよく投稿される。

(パンマル) **간식차 고마워요.**
カンシクチャ ゴマウォ ヨ

おやつカーありがとうございます。 (おやつカーありがとう)

入れ替え

ソポトゥ **서포트** サポート	トシラク **도시락** お弁当	コピチャ **커피차** コーヒーカー	タドゥル **다들** みんな

잘 먹겠습니다.
チャル モッケッスムニダ

いただきます。

잘 먹었습니다.
チャル モゴッスムニダ

ごちそうさまでした。

(パンマル) **맛있었어요.**
マシッソッソ ヨ

おいしかったです。 (おいしかった)

구독해 주세요.
クドケ ジュセヨ

チャンネル登録お願いします。

★ 視聴者のコメント

(パンマル) **<ruby>맛있게<rt>マシッケ</rt></ruby> <ruby>먹어<rt>モゴ</rt></ruby><ruby> <rt>ヨ</rt></ruby>.** 　｛ よりていねいに言うなら、「맛있게 드세요 マシッケ ドゥセヨ」。

おいしく食べてください。（おいしく食べて）

(パンマル) **<ruby>많이<rt>マニ</rt></ruby> <ruby>먹어<rt>モゴ</rt></ruby><ruby> <rt>ヨ</rt></ruby>.**

たくさん食べてください。（たくさん食べて）

(パンマル) **<ruby>맛있겠다<rt>マシッケッタ</rt></ruby>!**

おいしそう！

(パンマル) **<ruby>배고파졌어<rt>ペゴパジョッソ</rt></ruby><ruby> <rt>ヨ</rt></ruby>.**

お腹がすいてきました。（お腹がすいてきた）

(パンマル) **<ruby>나도<rt>ナド</rt></ruby> <ruby>같이<rt>ガチ</rt></ruby> <ruby>먹고<rt>モッコ</rt></ruby> <ruby>싶어<rt>シポ</rt></ruby><ruby> <rt>ヨ</rt></ruby>.**

私も一緒に食べたいです。（私も一緒に食べたい）

(パンマル) **<ruby>똑같은<rt>トッカトゥン</rt></ruby> <ruby>거<rt>ゴ</rt></ruby> <ruby>먹어야지<rt>モゴヤジ</rt></ruby>!**

同じもの食べようっと！

(パンマル) **<ruby>부러우면<rt>ブロウミョン</rt></ruby> <ruby>지는<rt>ジヌン</rt></ruby> <ruby>거다<rt>ゴダ</rt></ruby>.**

うらやましいと思ったら負けだ。

(パンマル) **<ruby>나도<rt>ナド</rt></ruby> <ruby>한입만<rt>ハンニンマン</rt></ruby>~.**

私にもひとくち～。

(パンマル) **<ruby>오늘<rt>オヌル</rt></ruby> <ruby>뭐<rt>ムォ</rt></ruby> <ruby>먹을까<rt>モグルッカ</rt></ruby><ruby> <rt>ヨ</rt></ruby>?**

今日、何を食べましょうか？（今日、何食べる？）

<ruby>치킨<rt>チキン</rt></ruby> <ruby>먹어<rt>モゴ</rt></ruby> <ruby>주세요<rt>ジュセヨ</rt></ruby>.

チキン食べてください。

検索に使える #リスト

<ruby>냠냠<rt>ニャムニャム</rt></ruby>
モグモグ

<ruby>먹방<rt>モクパン</rt></ruby>
グルメチャンネル（モッパン）

<ruby>왼손잡이<rt>ウェンソンジャビ</rt></ruby>
左利き

<ruby>문화<rt>ムヌァ</rt></ruby> 文化

「<ruby>먹방<rt>モクパン</rt></ruby>」とは、スターやフードファイターなどが、自分が何かを食べている姿を撮影してネットに流す動画のこと。料理をおいしそうに食べている姿を見ておもしろいと感じたり、自分の代わりに食べたいものをたくさん食べてくれることに満足感を感じたり（大理満足 テリマンジョク「代理満足」）する人が多く、グルメチャンネル（モッパン）や料理チャンネルは大人気です。

SNS ─グルメチャンネル─ 먹방─

오늘 무대 꼭 봐요!
_{オヌル ムデ ッコク ブァヨ}

今日のステージ、ぜひご覧ください！

좀 괜찮은데?
_{チョム グェンチャヌンデ}

ちょっといい感じじゃない？

맛있겠죠?
_{マシッケッチョ}

おいしそうでしょう？

섹시해요.

잘생쁘다.

解説

セクシヘヨ
섹시해요. 「セクシーです」。

チャルセンップダ
잘생쁘다. 「カッコかわいい」。

「かわいい」「きれい」は日本と感覚が少し違います(93ページ)。韓国特有の表現も使いこなしてください。

잘 어울려요.

딱 오빠 꺼다!

解説

チャル オウルリョヨ
잘 어울려요. 「よく似合います」。

タク オッパ ッコダ
딱 오빠 꺼다! 「オッパにぴったり！」。

「오빠 オッパ」は、年上の男性スターに親しみと愛情を込めて呼びかけるのにぴったりな言葉です。

맛있겠다!

부러우면 지는 거다.

解説

マシッケッタ
맛있겠다! 「おいしそう！」。

ブロウミョン ジヌン ゴダ
부러우면 지는 거다
「うらやましいと思ったら負けだ」。

「マシッソヨ」以外のフレーズも使えるようになると表現の幅が広がります。

101

カップルチャンネル
커플 브이로그
（コプル ブイログ）

YouTubeの人気コンテンツの1つ、カップルチャンネルでは、
カップルの甘い会話から等身大の韓国語を見てみましょう。

★ 甘える

사랑해.（サランヘ）
愛してる。

너무 좋아.（ノム ジョア）
大好き。

> カップル間で大好きと伝えるとき
> 韓国語では「愛してる」を使うことが多い。
> 大好きにあたるこの言葉は「いいね」の意味があり、
> こと、ものに対しても使う。

손잡자.（ソンジャプチャ）
手をつなごう。

뽀뽀해 줘.（ポッポヘ ジュォ）
チューして。

안아 줘.（アナ ジュォ）
ハグして。

한눈 팔지 마!（ハンヌン パルジ マ）
よそ見しないで！

나만 봐야 돼!（ナマン ブァヤ ドェ）
私だけを見て！

> 「예쁘다 イェップダ」は言いやすいよう
> 「이쁘다 イップダ」となることがある。

오늘 뭐 할 거야?（オヌル ムォ ハル コヤ）
今日、何する？

오늘 진짜 예쁘다.（オヌル ジンッチャ イェップダ）
今日マジでかわいいね。

★ 愛を伝える

행복하게 해 줄게.（ヘンボカゲ ヘ ジュルケ）
幸せにしてあげる。

내 곁에 있어 줘서 고마워.（ネ ギョテ イッソ ジュォソ ゴマウォ）
僕(私)のそばにいてくれてありがとう。

항상 같이 있자.（ハンサン ガチ イッチャ）
いつも一緒だよ。

난 항상 네 편이니까.（ナン ハンサン ネ ピョニニッカ）
私(僕)はいつもあなた(君)の味方だから。

> 「あなた/君」という意味の「네 ネ」は、
> 「니 二」と発音するとネイティブ感がアップ。

★ カップルへのコメント

パンマル 이게 ^{イゲ} 진짜 ^{ジンッチャ} 사랑이지. ^{サランイジ}
これこそ真の愛だよ。

정말 ^{チョンマル} 순수해 ^{スンスヘ} 보여요. ^{ボヨヨ}
とてもピュアな感じです。

눈에서 ^{ヌネソ} 꿀 떨어져요. ^{ックル ットロジョヨ}
目から愛情があふれ出てます。

> 直訳は「目からはちみつが落ちています」。

너무 ^{ノム} 달달해요. ^{ダルダレヨ}
甘すぎます。

パンマル 부럽다…. ^{プロプタ}
うらやましい…。

パンマル 으… 배 아파…! ^{ウ ベ アパ}
う、うらやましい…!

> 「사촌이 땅을 사면 배가 아프다 サチョニッタンウル サミョン ベガ アプダ（いとこが土地を買うとお腹が痛い）」ということわざから来ている。周りの人がうまくいくことを妬むときに使う。

パンマル 난 완패다. ^{ナン ワンペダ}
私は完敗だよ。

> 勝負事の完敗という意味の「완패다 ワンペダ」をうらやましがっているという意味で使っている。

너무 ^{ノム} 보기 ^{ボギ} 좋아요! ^{ジョアヨ}
見てるこっちまで幸せになります!

> 直訳は「見ていてとてもいいです」。

パンマル 나도 ^{ナド} 연애하고 ^{ヨネハゴ} 싶다 …. ^{シプタ}
私も恋愛したい…。

★ プロポーズ

パンマル 나랑 ^{ナラン} 결혼해 ^{ギョロネ} 줄래? ^{ジュルレ}
僕と結婚してくれる?

返事 **パンマル** 어? 뭐야~ ㅠㅠ ^{オ ムォヤ}
ええっ? 何、何~（泣）

パンマル 우리 ^{ウリ} 결혼하자. ^{ギョロナジャ}
僕たち、結婚しよう。

返事 **パンマル** 응, 좋아, 결혼하자. ^{ウン ジョア ギョロナジャ}
うん、いいよ、結婚しよう。

SNS ─カップルチャンネル─ 커플 브이로그

★ プロポーズについてコメント

キョロン チュカドゥリョヨ
결혼 축하드려요!
結婚おめでとうございます！

キョロン センファルド ギデハルケヨ
결혼 생활도 기대할게요!
結婚生活も楽しみです！

> 「예쁜 イェップン」は、言いやすいよう
> 「이쁜 イップン」となることも多い。

ノム イェップン コプル
너무 예쁜 커플….
本当にお似合いのカップル…。

チンッチャ ジャロ ウルリョ
🔵 진짜 잘 어울려!
めっちゃお似合い！

★ 記念日

オヌル ムスン ナリンジ アラ
🔵 오늘 무슨 날인지 알아?
今日、何の日か知ってる？

オヌルン ジョヒ イルチュニョンニムニダ
오늘은 저희 일주년입니다!
今日は私たちの1周年記念日です！

キニョミリニッカ トゥクピョラン ゴ ハジャ
🔵 기념일이니까 특별한 거 하자.
記念日だから特別なことしよう。

イベギル トンアン ハムッケ ヘジュオソ ゴマウォ
🔵 이백 일 동안 함께 해줘서 고마워.
200日間そばにいてくれてありがとう。

★ 記念日についてのコメント

オレオレ ヘンボカセヨ
오래오래 행복하세요!
末永くお幸せに！

ボルッソ ット ギニョミリヤ
🔵 벌써 또 기념일이야?!
また記念日?!

★ ケンカ

ムォ ハヌン ゴヤ
🔵 뭐 하는 거야?
何してんの？

チャンナナニャ
🔵 장난하냐?
ふざけてんの？

ポンチジ マ
🔵 뻥치지 마!
嘘つけ！

パンマル 거짓말이었어?
コジンマリオッソ
嘘だったの？

パンマル 자꾸 이러기야?
チャック イロギヤ
普通こんなことする？

パンマル 그러지 마~.
クロジ マ
そんなこと言わないで〜。

パンマル 화 풀어~.
ファ プロ
怒らないで〜。

★ ケンカに対するコメント

성격 진짜 좋으시네요.
ソンキョク チンッチャ ジョウシネヨ
性格が本当にいいですね。
> ケンカにならない
> ことをほめている。

싸우지 말아요.
サウジ マラヨ
ケンカしないでください。

パンマル 보는 내내 마음 졸였네.
ポヌン ネネ マウム ジョリョンネ
見てる間、ずっとハラハラした。

화해해서 다행이에요.
ファヘヘソ ダヘンイエヨ
仲直りして良かったです。

★ 別れの報告

헤어졌어요….
ヘオジョッソヨ
別れました…。
> こんなときは「ㅠㅠ ユユ」
> または「TT ティティ」と
> テロップが入る。

헤어지기로 했습니다.
ヘオジギロ ヘッスムニダ
別れを決心しました。

★ 別れたカップルへのコメント

앞으로도 응원하겠습니다.
アプロド ウンウォナゲッスムニダ
これからも応援します。

마음이 아프네요….
マウミ アプネヨ
心が痛いですね…。

힘내세요.
ヒムネセヨ
頑張ってください。
> 「元気出してください」
> という意味も含まれている。

이별 너무 슬퍼요.
イビョル ノム スルポヨ
お別れは本当に悲しいです。

その他の動画 그 외 브이로그
(クウェ ブイログ)

Vlogなどネット上の動画はナマの韓国語に触れられるいい教材になります。
人気のジャンルでよく見るフレーズを集めています。

★ 料理

엄청 매운맛에 도전!
(オムチョン メウンマセ ドジョン)

激辛に挑戦！

짜장면 대 짬뽕 직접 비교해 봤다.
(チャジャンミョン デ チャムッポン チクチョプ ビギョヘ ファッタ)

ジャージャー麺対チャンポン、比べてみた。

> 韓国語には「食べ比べ」
> にあたる言葉がなく、
> この表現が一番近い。

짜파구리 만들기
(チャパグリ マンドゥルギ)

> 「チャパグリ」とは
> 2種のインスタント麺を混ぜて作るもの。

チャパグリ作ってみた

같이 요리하기
(カチ ヨリハギ)

一緒に料理

★ おうち時間

집에서 노는 법
(チベソ ノヌン ボプ)

家での遊び方

소소한 일상 브이로그
(ソソハン イルサン ブイログ)

ささいな日常のVlog

★ ダンス

댄스 커버
(テンス コボ)

踊ってみた

완벽 재현
(ワンビョク チェヒョン)

完コピ

댄스 배틀
(テンス ベトゥル)

ダンスバトル

★ ペット

パンマル 귀엽지?
（クィヨプチ）
かわいいでしょ？

パンマル 똑똑하네.
（トクトクカネ）
賢いね。

パンマル 손!
（ソン）
お手！

パンマル 앉아!
（アンジャ）
お座り！

パンマル 기다려!
（キダリョ）
待て！

文化 문화（ムヌァ） 赤ちゃん言葉の犬（わんわん）、猫（にゃーにゃー）は韓国語で「멍멍이 モンモンイ」「야옹이 ヤオンイ」と言い、名前を知らない犬や猫を呼ぶときにも使われます。最近ネットでは「わんちゃん」「猫ちゃん」という意味で「멍뭉이 モンムンイ」「냥이 ニャンイ」がよく使われています。また日本のポチ、タマにあたる韓国の犬・猫の代表的な名前は「바둑이 パドゥギ」「나비 ナビ」ですが、今では古臭い感じがあります。

★ ゲーム

지갑 열게 하는 게임 순위
（チガム ニョルゲ ハヌン ケイム スヌィ）
財布を開けさせるゲームランキング

パンマル 허락보다 용서가 쉽다.
（ホラクボダ ヨンソガ シュィプタ）
許しより赦しが簡単だ。

パンマル 와! 다 깼다!
（ワ タ ッケッタ）
よし！クリアできた！

고인물 플레이
（コインムル プルレイ）
神プレー

「고인물 コインムル」とは、「溜まった水」という意味で、あるゲームを長い間プレーした達人を指す。

文化 문화（ムヌァ） 韓国はオンラインゲーム大国として有名ですが、まだゲームは主に男性たちが楽しむもの、夢中になってはいけないものとして認識されています。特に、多くの母親、妻、彼女はゲーム機を買うことを許さないため、あるゲーム機のCMで使われた「許しより赦しが簡単だ」というフレーズ（買っちゃってから赦してもらったほうがいいという意味）が多くの男性の共感を得ました。

検索に使える #リスト

유튜버
（ユティュボ）
YouTuber

요리 브이로그
（ヨリ ブイログ）
料理チャンネル

일상 브이로그
（イルサン ブイログ）
日常生活チャンネル

※ハッシュタグに使う場合はスペース（わかち書き）を取ってください。

★ ダイエット

내일부터 다이어트예요.
ネイルブト　ダイオトゥエヨ

〔「今日から」は「오늘부터 オヌルブト」。

明日からダイエットします。

살 빼야지.
サル ッペヤジ

痩せなきゃ。

5킬로 감량 목표!
オキルロ　ガムニャン モクピョ

〔「킬로 キルロ」は「키로キロ」と
発音することが多い。

目標マイナス5キロ！

★ 太った？

운동 부족으로 쪘어.
ウンドン ブジョグロ　ッチョッソ

運動不足で太っちゃった。

자기 관리 해야지.
チャギ　グァルリ　ヘヤジ

自己管理しなきゃ。

〔自己管理とは、体型や服装など
外見を整えることを表す。

스트레스 때문에 먹기만 해.
ストゥレス　ッテムネ　モクキマン ヘ

ストレスで食べてばかりなの。

어? 혹시 살 쪘어?
オ　ホクシ　サル ッチョッソ

〔「また太った？」は「또 쪘어? トッチョッソ」。

あれ？ もしかして太った？

안 쪘어.
アン ッチョッソ

太ってないよ。

항상 요요가 와.
ハンサン ヨヨガ　ワ

いつもリバウンドしちゃう。

안 먹고는 못 살아!
アン モクコヌン　モッ サラ

食べなきゃ死んじゃう！

★ 痩せた？

다이어트 성공!
タイオトゥ　ソンゴン

ダイエット成功！

살 빠진 거 아냐?
サル ッパジン ゴ　アニャ

痩せたんじゃない？

★ 定型文

チョアヨ デックル グドク アルリム ソルチョン ブタクトゥリョョ
좋아요, 댓글, 구독, 알림 설정 부탁드려요!

いいね、コメント、チャンネル登録、通知設定お願いします！

チョッテックアル
좋댓구알!

シチョンヘ ジュショソ ガムサハムニダ
시청해 주셔서 감사합니다.

ご覧いただき、ありがとうございます。

ユリョ グァンゴガ ポハムドェオ イッスムニダ
유료 광고가 포함되어 있습니다.

有料広告が含まれています。

> 企業から商品やお金のサポートを受けて、
> その企業の何らかの商品を紹介する場合、
> 動画の中や動画の紹介に
> 有料広告があること、
> または商品を提供されたことを
> 示すことになっている。

ヒョプチャヌル パダ ジェジャクトェオッスムニダ
협찬을 받아 제작되었습니다.

商品のご提供をいただき、制作されました。

検索に使える #リスト

チェジュンゲ 체중계 体重計	サイジュ 사이즈 サイズ	チャルロコリ 잘록 허리 くびれ	シギョク 식욕 食欲
カンシク 간식 間食	ウンドン 운동 運動	サンチェク 산책 散歩	ヘルス 헬스 ジム	ヨガ 요가 ヨガ

※一つ目の行は4列、二つ目以降の行は列数が異なる

カノルチョク タンシク 간헐적 단식 プチ断食	チェヒョングァルリ 체형 관리 体型管理	ホムトゥ 홈트 ホームトレーニング

「홈트레이닝 ホムトゥレイニン」の略。

シクタン 식단 献立	タイオトゥ シクプム 다이어트 식품 ダイエット食品	ポジョジェ 보조제 サプリ

※ハッシュタグに使う場合はスペース（わかち書き）を取ってください。

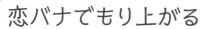

恋バナでもり上がる

 Point 1

<ruby>뭐<rt>ムォ</rt></ruby> <ruby>좋은<rt>ジョウン</rt></ruby> <ruby>일<rt>ニリッ</rt></ruby> <ruby>있었어<rt>ソッソ</rt></ruby>?

なんかいいことあった？

<ruby>응<rt>ウン</rt></ruby>? <ruby>왜<rt>ウェ</rt></ruby>?

え？ なんで？

<ruby>그냥<rt>クニャン</rt></ruby> <ruby>그런<rt>グロン</rt></ruby> <ruby>거<rt>ゴ</rt></ruby> <ruby>같아서<rt>ガタソ</rt></ruby>….

なんとなくそんな気がして…。

 Point 2

<ruby>아<rt>ア</rt></ruby>~ <ruby>사실은<rt>サシルン</rt></ruby> <ruby>남친<rt>ナムチン</rt></ruby> <ruby>생겼어<rt>センギョッソ</rt></ruby>.

あ〜、実は彼氏ができたの。

<ruby>뭐<rt>ムォ</rt></ruby>? <ruby>대박<rt>テバク</rt></ruby>! <ruby>며칠<rt>ミョチル</rt></ruby> <ruby>됐어<rt>ドェッソ</rt></ruby>?

えっ？ びっくり！ 付き合って何日？

<ruby>사귄<rt>サグィン</rt></ruby> <ruby>지<rt>ジ</rt></ruby> <ruby>일주일<rt>イルチュイル</rt></ruby> <ruby>됐어<rt>ドェッソ</rt></ruby>.

付き合って1週間経ったの。

彼氏ができたら友人に幸せな気持ちを伝えたくなりますね。聞くほうも興味津々で、聞かれるがままにのろけることになるでしょう。

뭐 하는 사람? 키 커?
ムォ ハヌン サラム　キ コ

何してる人？ 背は高い？

같은 대학생이야. 키도 크고, 다정하고….
カトゥン デハクセンイヤ　キド クゴ ダジョンハゴ

同じ大学生だよ。背も高くて、優しくて…。

나도 연애하고 싶다….
ナド ヨネハゴ シプタ

私も恋愛したい…。

ここをチェック！

「왜? ウェ（なんで?）」は、いろいろな場面で使える便利な言葉です。ただ目上の人には「왜 그러세요? ウェ グロセヨ（なぜそうなんですか?）」とていねいに言う必要があります。「그냥 クニャン」は「なんとなく」という意味ですが、例えば「彼氏ではない」と言うとき「그냥 친구 クニャン チング（ただの友達）」のようにも使えます。

知らなかったことを知ってびっくりしたときは「대박! テバク」をよく使います。韓国人は記念日や付き合った期間をすごく気にするので、彼氏ができたという話を聞いたら、日本では「いつから?」と聞くところ、「付き合って何日?」と、より具体的に聞いてくるのが特徴です。

韓国人は日本人よりは彼氏のことを自慢する傾向があるようです。彼氏ができたと告げると、まず付き合った期間と職業、背は高いかなどを聞かれ、答えているうちにいつの間にか彼氏の自慢話になっていることがよくあります。ちなみに、男性の友達に彼女ができたということを知ると、10人中10人が「예쁘냐? 사진 없냐? イェップニャ サジノムニャ（かわいい? 写真ないの?）」と聞きます。

111

행복하게 해 줄게.
ヘンボカゲ　ヘ　ジュルケ

幸せにしてあげる。

우리 결혼하자.
ウリ　ギョロナジャ

僕たち、結婚しよう。

動画のダイエットチャンネルで

진짜 잘 어울려!

너무 달달해요.

解説

チンッチャ ジャロウルリョ
진짜 잘 어울려!
「めっちゃお似合い！」。

ノム ダルダレヨ
너무 달달해요. 「甘すぎます」。

これらのフレーズはコメントとして投稿するだけでなく、話し言葉としても使えます。

결혼 축하드려요!

난 완패다.

解説

キョロン チュカドゥリョヨ
결혼 축하드려요!
「結婚おめでとうございます！」。

ナン ワンペダ
난 완패다. 「私は完敗だよ」。

「私は完敗だよ」と負けを認めた言葉でうらやましい気持ちを表します。

5킬로 감량 목표!

자기 관리 해야지.

解説

オキルロ ガムニャン モクピョ
5킬로 감량 목표!
「目標マイナス5キロ！」。

チャギ グァルリ ヘヤジ
자기 관리 해야지.
「自己管理しなきゃ」。

体重の数字を韓国語で言う場合は126ページの数字①を使います。

外来語の発音をチェック

韓国にも外来語がありますが、日本で定着している外来語が韓国では使われていなかったり、同じ英語を元にしていても発音が違ったりします。ここでは特に日本で使っている外来語で通じにくいものをあげました。最大の違いは「ー」でのばす音がないことです。

日本と同じ外来語を使うが、発音がかなり違うもの

アプリ	어플 オプル / 앱 エプ
チャンネル	채널 チェノル
メンバー	멤버 メムボ
グループ	그룹 クルプ
ツアー	투어 トゥオ
マネージャー	매니저 メニジョ
ドライヤー	드라이어 トゥライオ
ハンバーガー	햄버거 ヘムボゴ

韓国では外来語を使い、日本では外来語を使わない場合

携帯電話	핸드폰 (hand+phone) ヘンドゥポン (略して핸폰 ヘンポン / 폰 ポン)
吹き替え	더빙 (dubbing) トビン
電子漫画、ウェブコミック	웹툰 (webtoon) ウェプトゥン
おしぼり、ウェットティッシュ	물티슈 (물 (「水」の固有語) +tissue) ムルティッシュ

日本では外来語を使い、韓国では外来語を使わない場合

メールアドレス	주소 (住所) チュソ
アカウント	계정 (計定) ケジョン
トイレ	화장실 (化粧室) ファジャンシル
トイレットペーパー	휴지 (休紙) ヒュジ
コピー	복사 (複写) ポクサ (「카피 カピ」と言うこともある)

旅行

カフェやご飯屋さんに行ったり服やコスメを買ったりするのは、韓国旅行の最大の楽しみですね。ここでは、飲食店やショップで意思疎通をするためのフレーズや、思い出をSNSにアップするときに使えるフレーズなどを集めています。

カフェにて　카페에서
（カ ベ エ ソ）

目まぐるしく変わる韓国のカフェ事情、
最近ではチェーン店だけでなく個性的なカフェがあふれています。

★ 注文する

チュムヌン　ムォルロ　ハシゲッソヨ
주문은 뭘로 하시겠어요?

ご注文は何になさいますか？

タットゥタン　コピ　ジュセヨ
따뜻한 커피 주세요.

温かいコーヒーをください。

チャガウン　ホンチャ　ジュセヨ
차가운 홍차 주세요.

冷たい紅茶をください。

タットゥタン　ゴ　ジュセヨ
따뜻한 거 주세요.

ホットでお願いします。

> ただコーヒーと頼むと「따뜻한 걸로 드릴까요?
> タットゥタン ゴルロ ドゥリルッカヨ（ホットですか?）」と聞かれる。

ムォルロ　ハルッカ
뭘로 할까?（パンマル）

何にしようかな？

ムォ　モクチ
뭐 먹지?（パンマル）

何、飲もうかな？

> 直訳は「何、食べようかな?」。
> 飲み物だと強調するとき以外は
> この言い方でいい。

ケイク　ムォルロ　ハルレ
케이크 뭘로 할래?（パンマル）

ケーキ何にする？

> 正しい表記は「케이크케이크」だが、
> 多くの人が「케익케이크」と発音し、
> SNSなどでも発音通り「케익케이크」と書かれる。

タ　マシッケッタ
다 맛있겠다.（パンマル）

どれもおいしそう。

モッ　チョンハゲッソ
못 정하겠어.（パンマル）

決められない。

메모
気に入ったフレーズや
自分でみつけた単語などを
書き留めましょう

ハングル

ていねい・パンマル

意味

★ 来たかった

（パンマル）**ワ ボゴ シポッソヨ**
와 보고 싶었어**요**.

来たかったです。（来たかったの）

（パンマル）**トゥディオ ワッタ**
드디어 왔다.

やっと来られた。

★ カフェ時間を楽しむ

（パンマル）**イェップン カペネヨ**
예쁜 카페네**요**.

おしゃれなカフェですね。（おしゃれなカフェだね）

（パンマル）**ファジャンシル ジョム ガッタオルケ**
화장실 좀 갔다올게.

ちょっとトイレ行ってくるね。

ヨギ ワイパイ ドェヨ
여기 와이파이 돼요?

ここ、Wi-Fiはありますか？

> 「비번 ピボン」は「비밀번호 ピミルボノ」の略で暗証番号のこと。パスワードもこの言葉を使います。

ピボニ モエヨ
비번이 뭐예요?

パスワードは何ですか？

検索に使える #リスト

カペラテ 카페라테 カフェラテ	**ケロメルマキアト** 캐러멜마키아토 キャラメルマキアート	「카라멜마끼아또 カラメルマッキアット」と発音・表記されることも多い。
カペモカ 카페모카 カフェモカ	**アイスアメリカノ** 아이스아메리카노 **アア** アイスアメリカーノ	
パンスニ 빵순이 パン好き	**ピンス** 빙수 パッピンス（あずき氷）の「팥 パッ」はあずきのこと。 かき氷	**ペンケイク** 팬케이크 パンケーキ
ワブル 와플 ワッフル	**トゥンカロン** 뚱카롱 クリームがたっぷり入った厚い進化系マカロンのこと。 太っちょマカロン	**カペ トゥオ** 카페 투어 カフェ巡り

※ハッシュタグに使う場合はスペース（わかち書き）を取ってください。

117

食事をする 식사하기
<small>シクサハギ</small>

韓国旅行に行く楽しみといえば食事ですね。
基本的な注文の仕方と、感想を伝えるフレーズを紹介します。

★ 入店する

어서 오세요. <small>オソ オセヨ</small>
{ よりていねいな「어서 오십시오 オソ オシプシオ」もある。

いらっしゃいませ。

몇 분이세요? <small>ミョップ ニ セ ヨ</small>

何名様ですか?

두 명이요. <small>トゥ ミョンイヨ</small>
{ 算用数字を使わず、ハングルで書いてもいい。

2名です。

자리 있어요? <small>チャリ イッソヨ</small>

席はありますか?

아무데나 앉아도 돼요? <small>アムデナ アンジャド ドェヨ</small>

どこに座ってもいいですか?

얼마나 기다려야 돼요? <small>オルマナ キダリョヤ ドェヨ</small>

どのくらい待ちますか?

맛있게 해 주세요. <small>マシッケ ヘ ジュセヨ</small>
{ 注文のあと「おいしく作ってください」
の意味を込めて言う。

おいしくしてください。

★ 注文する

주문할게요. <small>チュムナルケヨ</small>

注文お願いします。

이거 많이 매워요? <small>イゴ マニ メウォヨ</small>

これ、すごくからいですか?

이거 **사 인분** **주세요.**
(イゴ) (サ インブン) (ジュセヨ)

これを4人分ください。（メニューや写真を指さして）

<u>入れ替え</u>

일 인분	이 인분	삼 인분	하나	두 개	세 개
(イリンブン)	(イ インブン)	(サミンブン)	(ハナ)	(トゥ ゲ)	(セ ゲ)
1人分	2人分	3人分	1つ	2つ	3つ

※数字については、126～127ページをご覧ください。

★ 声をかける

여기요! { 基本はどちらも 大きな区別なく使える。 } **저기요!** { 「そこの人」と呼ぶ感じ。
(ヨギヨ) (チョギヨ)

すみません！（こちらです！）　　　　　　すみません！（あそこです！）

사장님! { 日本語の 「大将・親父さん」のような、親しみを込めた呼び方。 }　**이모님!** { 日本語の 「おかあさん」のような、親しみを込めた呼び方。 }
(サジャンニム) (イモニム)

すみません！　　　　　　　　　　　　　　すみません！

★ バリエーション

음식이 아직 안 나왔는데요.
(ウムシギ) (アジク) (アン ナワンヌンデヨ)

注文したものがまだです。

포장 돼요?
(ポジャン ドェヨ)

持ち帰りできますか？

김치 좀 더 주세요.
(キムチ) (ジョム ド) (ジュセヨ)

キムチ、もうちょっとください。

이거 안 시켰는데요.
(イゴ) (アン シキョンヌンデヨ)

これは頼んでないんですけど。

メモ

気に入ったフレーズや
自分でみつけた単語などを
書き留めましょう

ハングル　　　　　　　　ていねい・パンマル

意味

★ メニュー

サムギョプサル
삼겹살
サムギョプサル

ブルゴギ
불고기
プルコギ

ビビムバプ
비빔밥
ビビンバ

サムゲタン
삼계탕
サムゲタン

モクサル
목살
モクサル(首肉)

トッカルビ
떡갈비
トクカルビ(カルビミンチ)

トッポッキ
떡볶이
トッポッキ

ホットク
호떡
ホットク

チュク
죽
お粥

メクチュ
맥주
ビール

ソジュ
소주
焼酎

マクコルリ
막걸리
マッコリ

★ よく聞く店員のフレーズ

チュムヌン　カウンテソ　　ヘ　　ジュセヨ
주문은 카운터에서 해 주세요.
ご注文はレジでお願いいたします。

直訳は「おいしく
召し上がってください」。

シックォン モンジョ グイペ　ジュセヨ
식권 먼저 구입해 주세요.
食券をお先にお求めください。

マシッケ　　ドゥセヨ
맛있게 드세요.
ごゆっくりどうぞ。

クムバン ジュンビヘ　ドゥリゲッスムニダ
금방 준비해 드리겠습니다.
すぐご用意いたします。

チンドンベリ　　ウルリミョン ワ　ジュセヨ
진동벨이 울리면 와 주세요.
ベルが鳴りましたら、お越しください。

ムル　バンチャヌン セルプイムニダ
물, 반찬은 셀프입니다.
水とおかずはセルフサービスです。

「셀프 セルプ」は日本と同じく
「셀프서비스 セルブッソビッス(セルフサービス)」を略している。
これが壁に書いて貼られていることもある。

120

맛있게 드셨어요?

<small>マシッケ　ドゥショッソヨ</small>

おいしく召し上がりましたか？

네, 맛있었어요.
<small>ネ　マシッソッソヨ</small>

{ 店員に言われたら、このように答えよう。

はい、おいしかったです。

★ 空腹・満腹ほか

(パンマル) 뭐 먹을까요?
<small>ムォ　モグルッカ　ヨ</small>

何、食べましょうか？（何、食べる？）

(パンマル) 배고파요.
<small>ペゴパ　ヨ</small>

お腹がすきました。（お腹すいた）

(パンマル) 입이 심심해요.
<small>イビ　シムシメ　ヨ</small>

{ 直訳は
「口が退屈です」。

何かちょっと食べたいです。
（何かちょっと食べたいな）

(パンマル) 좋은 냄새~.
<small>チョウン　ネムセ</small>

いいにお～い。

(パンマル) 배불러요.
<small>ペブルロ　ヨ</small>

お腹いっぱいです。（お腹いっぱい）

(パンマル) 배 터지겠다.
<small>ペ　トジゲッタ</small>

{ 「苦しいい～」
という感じ。

お腹がはちきれそう。

에스엔에스에 소개할게요.
<small>エッスエネッスエ　ソゲハルケヨ</small>

SNSで紹介します。

旅行 ―食事をする― 식사하기 ―

메모

気に入ったフレーズや
自分でみつけた単語などを
書き留めましょう

ハングル ▶▶

ていねい・パンマル

意味 ▶

味　맛

おいしい、からい、甘いなど、
食べた感想を伝えることができるフレーズを集めています。

★ おいしい・おいしくない

(パンマル) **진짜 맛있어요.**
とってもおいしいです。（ほんとおいしい）

맛없어요.
おいしくないです。

(パンマル) **맛있다.** (요말) **맛있당～**
おいしい。

(パンマル) **맛있겠다.** (요말) **맛있겠당～**
おいしそう。

(パンマル) **생각보다 맵네요.**
思ったよりからいですね。
（思ったよりからいね）

(パンマル) **의외로 안 맵네요.**
意外にからくないですね。
（意外にからくないね）

★ 好き嫌い

(パンマル) **그건 안 먹어요.** { 嫌いで食べられないときに使う。
それは食べられません。（それは食べられない）

(パンマル) **그건 못 먹어요.** { アレルギーなどで食べられないときに使う。
それは食べられません。（それは食べられない）

(パンマル) **그거 제일 싫어!** (요말) **그거 극혐!**
それ、大っ嫌い！

(パンマル) **편식을 좀 해서.**
好き嫌いが多いの。

(パンマル) **별로 안 좋아해요.**
あまり好きではありません。
（あまり好きじゃない）

★ 味の感想

パンマル
되게 **맵다**！
トェゲ メプタ
すごく からい

すごく[Ⓐ]からい[Ⓑ]！

入れ替えⒶ

엄청
オムチョン
とんでもなく

진짜
チンッチャ
ほんとに（マジで）

入れ替えⒷ

| **짜다**
チャダ
しょっぱい | **싱겁다**
シンゴプタ
味が薄い | **달다**
タルダ
甘い | **구수하다**
クスハダ
香ばしい（おこげ、トウモロコシなど） |
| **고소하다**
コソハダ
香ばしい（ゴマ、ナッツなど） | **시다**
シダ
すっぱい | **쓰다**
スダ
苦い | |

 検索に使える ＃リスト

| **소식**
ソシク
少食 | **미식가**
ミシクカ
グルメ（美食家） | **먹잘알**
モクチャラル
食通（詳しい人） | 「먹는 것을 잘 아는 사람
モンヌン ゴスル ジャラヌン サラム
（食べることをよく知っている人）」の略。 |
| **대식가**
テシクカ
大食い | **과식**
クァシク
食べすぎ | **편식**
ピョンシク
偏食 | **먹스타그램**
モクスタグレム
食インスタ |

대식가：「푸드파이터 ブドゥパイト（フードファイター）」とも言う。

 メモ

気に入ったフレーズや
自分でみつけた単語などを
書き留めましょう

| ハングル | ていねい・パンマル |
| 意味 | |

旅行 ー味ー（맛）

お会計 계산하기 _{ケ サ ナ ギ}

店員に支払い方法を伝えるときや、一緒に行った人に
どう支払うかを相談するときに使えるフレーズを集めています。

★ 会計時

계산할게요. _{ケサナルケヨ}
お会計お願いします。

계산 도와드리겠습니다. _{ケサン　ドワドゥリゲッスムニダ}
お会計させていただきます。

> 店員にこう言われる
> こともある。

카드 되나요? _{カドゥ　ドェナヨ}
カード使えますか？

> ていねいにクレジットカードと
> 言う場合は「신용 카드 シニョン カドゥ」。

네, 되죠. _{ネ　ドェジョ}
はい、お使いいただけます。

현금만 가능하세요. _{ヒョングムマン　カヌンハセヨ}
現金だけお使いいただけます。

카드는 안 돼요. _{カドゥヌン　アン　ドェヨ}
カードはお使いいただけません。

일시불로 해 주세요. _{イルシブルロ　ヘ　ジュセヨ}
一括でお願いします。

3개월 할부로 해 주세요. _{サムゲウォルハルブロ　ヘ　ジュセヨ}
3回の分割払いでお願いします。

계산이 틀린 거 같은데요. _{ケサニ　トゥルリン　ゴ　ガトゥンデヨ}
会計が違うみたいですけど。

메모

気に入ったフレーズや
自分でみつけた単語などを
書き留めましょう

ハングル

意味

ていねい・パンマル

124

★ おごる

(パンマル) 이건 내가 낼게^요.
_{イゴン ネガ ネルケ ヨ}

これは私が出します。（これは私がおごるね）

(パンマル) 후식은 내가 쏠게^요.
_{フシグン ネガ ッソルケ ヨ}

デザートは私がおごります。
（デザートは私がおごるよ）

(パンマル) 다음에는 꼭 내가 살게^요.
_{タウメヌン ッコン ネガ サルケ ヨ}

今度はぜひ私が払います。（今度は必ず私が払うね）

(パンマル) 오늘 밥 사 주면 안 돼^요?
_{オヌル パプ サ ジュミョン アンドェ ヨ}

今日おごってもらえませんか？（今日おごってくれない？）

★ 割り勘

(パンマル) N분의 일 해^요.
_{エンブネ イル ヘ ヨ}

直訳は「N人分の1にしよう」。
一緒に食べた料理が多い場合に使う。

割り勘にしましょう。（割り勘にしよう）

(パンマル) 더치 할까^요?
_{トチ ハルッカ ヨ}

割り勘にしましょうか？（割り勘にする？）

(パンマル) 각자 먹은 대로 내^요.
_{カクチャ モグン デロ ネ ヨ}

各自食べた分、支払いましょう。
（各自食べた分の支払いね）

(パンマル) 지금 현금이 모자란데….
_{チグム ヒョングミ モジャランデ}

直訳は
「今、現金が
足りないんだけど…」。

今、お金が手元にないんだけど…。

自分が食べた分だけ
払うときの言い方。
一緒に食べた料理が
ない場合に使う。

検索に使える #リスト

빌지 / 주문서	체크 카드	현금 카드	거스름돈
_{ピルジ チュムンソ}	_{チェク カドゥ}	_{ヒョングム カドゥ}	_{コスルムトン}
お会計票	デビットカード	キャッシュカード	おつり

※ハッシュタグに使う場合はスペース（わかち書き）を取ってください。

韓国の数字

　ここでは会話に必須の数字を確認しましょう。韓国では2種類の数字を使い分けています。例えるなら、日本の「1、2、3…」と「ひとつ、ふたつ、みっつ…」のようなものです。気をつけたいのは、単位によって使う数字が決まっていることです。特に時間を表すとき、「時」と「分」では違う数字を使うので、注意しましょう。

▶ 数字① ※日付や金額などに使う。

1	2	3	4	5	6	7	8	9	10	百	千	万	億
일	이	삼	사	오	육	칠	팔	구	십	백	천	만	억
イル	イ	サム	サ	オ	ユク	チル	パル	ク	シプ	ペク	チョン	マン	オク

▶ 数字①と組み合わせて使う主な単位

年	月	日	ウォン
년	월	일	원
ニョン	ウォル	イル	ウォン

例 이 월 육 일 (2月6日)
　　イ ウォル ユギル

오만 원 (5万ウォン)
オマヌォン

▶ 数字② ※数を数えるときや年齢に使う。

1	2	3	4	5	6	7	8
하나 / 한	둘 / 두	셋 / 세	넷 / 네	다섯	여섯	일곱	여덟
ハナ / ハン	トゥル / トゥ	セッ / セ	ネッ / ネ	タソッ	ヨソッ	イルゴプ	ヨドル

9	10	11	12	13	14
아홉	열	열하나 / 열한	열둘 / 열두	열셋 / 열세	열넷 / 열네
アホプ	ヨル	ヨラナ / ヨラン	ヨルトゥル / ヨルトゥ	ヨルセッ / ヨルセ	ヨルレッ / ヨルレ

15	16	17	18	19	20
열다섯	열여섯	열일곱	열여덟	열아홉	스물 / 스무
ヨルタソッ	ヨルリョソッ	ヨリルゴプ	ヨルリョドル	ヨラホプ	スムル / スム

30	40	50	60	70	80	90
서른	마흔	쉰	예순	일흔	여든	아흔
ソルン	マフン	シュイン	イェスン	イルン	ヨドゥン	アフン

/ のあとの数字は単位をつけるときの形です。21以降の数は、25ならば20「스물 スムル」と5「다섯 タソッ」を組み合わせて「스물다섯 スムルタソッ」となります。

▶数字②と組み合わせて使う主な単位

歳	個	枚	冊
살	**개**	**장**	**권**
サル	ケ	チャン	クォン

例 **열 개** (10個)
ヨル　ケ

서른 살 (30歳)
ソルン　サル

★ 時間に使う数字

▶時（数字②）

한 시	두 시	세 시	네 시	다섯 시	여섯 시
ハン　シ	トゥ　シ	セ　シ	ネ　シ	タソッ　シ	ヨソッ　シ
1時	2時	3時	4時	5時	6時

일곱 시	여덟 시	아홉 시	열 시	열한 시	열두 시
イルゴブ　シ	ヨドル　シ	アホブ　シ	ヨル　シ	ヨラン　シ	ヨルトゥ　シ
7時	8時	9時	10時	11時	12時

▶分（数字①）

일 분	오 분	십 분	십오 분	이십 분	삼십 분
イル　ブン	オ　ブン	シブ　ブン	シボ　ブン	イシブ　ブン	サムシブ　ブン
1分	5分	10分	15分	20分	30分

사십 분	오십 분	반
サシブ　ブン	オシブ　ブン	バン
40分	50分	半

▶午前・午後

오전	오후
オジョン	オフ
午前	午後

例 **오전 열 시 반**
オジョン　ヨル　シ　バン
（午前10時半）

食事に誘う 식사 초대_{シクサ チョデ}

特に韓国では誰かと仲良くなるには、食事をする、
お酒を飲むのが一番の近道。勇気を出して誘ってみましょう。

★ 誘う

밥 먹으러 가요.
（バム モグロ ガヨ）

お食事に行きましょう。

（パンマル）**같이 가자.**
（カチ ガジャ）

一緒に行こう。

（パンマル）**그럼 지금 가자!**
（クロム ジグム ガジャ）

じゃあ今から行こう！

언제 밥 한번 먹어요.
（オンジェ バ バンボン モゴヨ）

今度食事しましょう。

> 日本と同じく、社交辞令、
> あいさつ代わりに使うことも。

（コビ）（パンマル）**커피 한잔 어때요?**
（コビ ハンジャン オッテ ヨ）

> 直訳は
> 「コーヒー1杯どうですか？」。

お茶でもどうですか？（お茶でもどう？）

（パンマル）**한잔 어때요?**
（ハンジャン オッテ ヨ）

> これは「お酒を飲もう」という意味。

1杯どうですか？（1杯どう？）

★ 誘いを受ける

（パンマル）**가고 싶어요.**
（カゴ シポ ヨ）

行きたいです。
（行きたい）

（パンマル）**어디서 볼까요?**
（オディソ ボルッカ ヨ）

> 韓国語には待ち合わせ
> という言葉がなく「どこで
> 会いますか？」と聞く。

どこで会いますか？
（どこで会おうか？）

（パンマル）**가도 돼요?**
（カド ドェ ヨ）

行ってもいいですか？
（行ってもいい？）

（パンマル）**가고 싶었어요.**
（カゴ シポッソ ヨ）

行きたかったんです。
（行きたかったの）

★ 誘いを断る

(パンマル) ミアネ ヨ, ヤクソギッソ ヨ.
미안해요, 약속 있어요.

ごめんなさい、約束があります。（ごめん、約束があるの）

(パンマル) ネイルン グェンチャナ ヨ.
내일은 괜찮아요.

明日なら大丈夫です。（明日なら大丈夫）

(パンマル) オヌルン アン ドェルコ ガタ ヨ.
오늘은 안 될 거 같아요.

今日はやめておきます。（今日はやめておく）

(パンマル) シガニ ドェミョン ガゴ シポ ヨ.
시간이 되면 가고 싶어요.

時間があったら行きたいです。（時間があったら行きたい）

★ 次の約束

ウリ ット ワヨ
우리 또 와요.

また来ましょうね。

(パンマル) タウメ オンジェ ボルッカ
다음에 언제 볼까?

次はいつにする？

ト デリョワ ジュセヨ
또 데려와 주세요.

また連れてきてください。

タウメヌン ジェガ ッソルケヨ
다음에는 제가 쏠게요.

次は私がおごります。

検索に使える **# リスト**

ヤクソク	シガン	トチペイ	チガク	クプ チュイソ
약속	**시간**	**더치페이**	**지각**	**급 취소**
約束	時間	割り勘	遅刻	ドタキャン

※ハッシュタグに使う場合はスペース（わかち書き）を取ってください。

 メモ

気に入ったフレーズや
自分でみつけた単語などを
書き留めましょう

	ハングル	ていねい・パンマル
意味		

食事で仲良くなる

Point 1

<ウム> 음… <チュノ> 준호 <ッシラン> 씨랑 <チネジゴ> 친해지고 <シプンデ> 싶은데….

う〜ん…、チュノさんと仲良くなりたいんだけど…。

<バム> 밥 <モクチャゴ> 먹자고 <ヘ> 해. <クムバン> 금방 <チネジョ> 친해져.

食事に誘ったら？ すぐ仲良くなるよ。

<クレド> 그래도 <ドェルッカ> 될까?

そうしてもいいかな？

Point 2

<カチ> 같이 <バム> 밥 <モンヌンゲ> 먹는 게 <ジュンヨヘ> 중요해.

一緒にご飯を食べることは重要よ。

<クンデ> 근데 <ヨンギガ> 용기가 <アンナ> 안 나….

でも、勇気がない…。

<カチ> "같이 <バム> 밥 <モグミョン> 먹으면 <ガジョギラヌン> 가족"이라는 <マルド> 말도 <イッソ> 있어.

「一緒に食事したらもう家族同然」という言葉もあるのよ。

<クレ> 그래? <クロム> 그럼 <オットケ> 어떻게 <ハミョンドェ> 하면 돼?

そうなの？ どうやって誘ったらいい？

Error

好きな人ができたら、どうやって仲良くなったらいいのか悩むのも恋愛の醍醐味。
友達に相談することで、友情が深まっていきます。

“오빠~ 저 밥 한번 사 주세요~” 해 봐.
（オッパ　チョ　バパンボン　サ　ジュセヨ　　ヘ　ブァ）
「先輩〜、おいしいとこ連れてってください〜」って。

억… 생각만 해도 떨려.
（ウク　センガンマン　ヘド　ットゥルリョ）
げ… 考えただけで緊張する。

횟팅!
（ファッティン）
ファイト！
※正しくは「파이팅
パイティン」。

ここをチェック！

 ☑
恋愛だけでなく困ったことがあれば何でも遠慮なく相談してみるのも仲良くなるポイントです。韓国人は情に厚いといわれていますので、相談することが距離を縮めるきっかけにもなるでしょう。

 ☑
食を大事にするのも韓国人です。一緒に食事をすればきっと距離も近づくことでしょう。日本語の「同じ釜の飯を食う」という意味の言葉で「한솥밥을 먹다 ハンソッバブル モクタ」という表現もよく使われます。また、「一緒に食事をする口（人）」から「식구 シック」という言葉もあります。漢字で書くと「食口」ですが、「家族」と訳され、血はつながっていなくても家族も当然という間柄の関係を表します。勇気を出して誘ってみましょう。

 ☑
お誘いフレーズはぜひ覚えて使ってみてください。片思いの相手に「요즘 계속 바빠서… ヨジュ厶 ゲソク バッパソ 最近ずっと忙しいから」「여자친구가 싫어해서… ヨジャ チングガ シロヘソ（彼女が嫌がるから）」などと言われてしまったら別ですが、そうでなく、ただ都合が悪いと言われたならば「그럼 언제 시간 돼요? クロ厶 オンジェ シガン ドェヨ（じゃあ、いつがいいですか？）」と積極的に言ってみるのもいいでしょう。

書いて覚える　なりきり会話

カフェで店員に

주문은 뭘로 하시겠어요?
チュムヌン　ムォルロ　ハシゲッソヨ

ご注文は何になさいますか？

커피 한잔 어때요?
コピ　ハンジャン　オッテヨ

お茶でもどうですか？

132

여기요.

주문할게요.

解説

解説

ヨギヨ
여기요. 「すみません」。

チュムナルケヨ
주문할게요. 「注文お願いします」。

お店で自分から声をかけることは勇気がいることでしょう。「여기요. ヨギヨ」と書きながら練習してみてください。

이거 1인분 주세요.

이거 주세요.

解説

イゴ　イリンブン　ジュセヨ
이거 1인분 주세요.
「これ、1人分ください」。

イゴ　ジュセヨ
이거 주세요. 「これ、ください」。

「이거 주세요. イゴ ジュセヨ(これ、ください)」は、写真やメニューを指して言える、とても便利な言葉です。

가고 싶어요.

미안해요. 약속 있어요.

解説

カゴ　シボヨ
가고 싶어요.
「行きたいです」。

ミアネヨ　ヤクソギッソヨ
미안해요. 약속 있어요.
「ごめんなさい。約束があります」。

お誘いを受けるときとお断りするときの言い方は覚えておきましょう。

旅行
―書いて覚える なりきり会話―

コスメ　化粧品
ファジャンプム

韓国コスメはかわいくてコスパがいいのが魅力。自分に合ったものを
しっかり選びたいですね。買いすぎにはくれぐれもご注意を。

★ ○○はありますか？

뭐 찾으세요?
ムォ　チャジュセヨ

何かお探しですか？

쿠션 팩트 있어요?
クッション　ペクトゥ　イッソヨ

クッションファンデ、ありますか？

入れ替え

새로운 색
セロウン　セク
新色

아이섀도
アイシェド
アイシャドウ

아이라이너
アイライノ
アイライン

(메이크업)베이스/프라이머
メイクオプ　ベイス　プライモ
化粧下地

파운데이션/파데
バウンデイション　パデ
ファンデーション

파우더/팩트
パウド　ペクトゥ
フェイスパウダー

★ 商品を聞く

日本では「おすすめは何？」と聞くが、韓国ではこれら2つの言い方か
「뭐가 좋아요? ムォガ ジョアヨ(何がいいですか？)」などと聞くのが自然。

뭐가 잘 나가요?
ムォガ　ジャル　ラガヨ

何が売れていますか？

直訳は
「最近どんな色が
流行しています？」。

저한테 맞는 게 뭐예요?
チョハンテ　マンヌン　ゲ　ムォエヨ

私に合うものは何ですか？

요즘 어떤 색이 유행이에요?
ヨジュム　オットン　セギ　ユヘンイエヨ

流行色が知りたいです。

선크림 뭐가 좋아요?
ソンクリム　ムォガ　ジョアヨ

紫外線対策は何がいいですか？

엄마한테 선물할 건데요.
オムマハンテ　ソンムラル　コンデヨ

母へのお土産を探しています。

신제품 보여 주세요.
シンジェブム　ボヨ　ジュセヨ

新商品を見せてください。

커버력 좋은 거 있어요?
コボリョク　チョウン　ゴ　イッソヨ

カバー力いいもの、ありますか？

마스크팩은 어디예요?
マスクペグン　オディエヨ

マスクシートはどこですか？

★ 肌質・調子

ミンガマン ピブエド グェンチャンナヨ
민감한 피부에도 괜찮나요?
敏感肌でも大丈夫ですか？

コンソン チソン ビブインデヨ
건성 / 지성 피부인데요….
乾燥肌 / 脂性肌ですけど…。

ピブ トゥロブリ マナヨ
피부 트러블이 많아요.
肌のトラブルが多いんです。

 チョクチョケ
촉촉해！
潤ってる！

コガ ボンドゥルゴリョヨ
코가 번들거려요.
鼻がテカるんです。

モゴンウル オプセゴ シボヨ
모공을 없애고 싶어요.
毛穴をなくしたいんです。

★ すごくいい

ワンジョン ジョタ
완전 좋다！
すごくいい！

ト サヤゲッタ
또 사야겠다.
リピ決定。

ミンナッ カタ
민낯 같아！
すっぴんみたい！

センオル ガタ
쌩얼 같아！

検索に使える #リスト

ハングク ファジャンプム
한국 화장품
韓国コスメ

ムルグァン ピブ
물광 피부
潤いあるツヤ肌

ミヨン
미용
美容

ピブ ジンダン
피부 진단
肌診断

ミベク
미백
美白

ピブッキョル
피부결
キメ

※ハッシュタグに使う場合はスペース（わかち書き）を取ってください。

気に入ったフレーズや
自分でみつけた単語などを
書き留めましょう

ハングル

意味

ていねい・パンマル

服・雑貨 옷・잡화
<ruby>옷<rt>オッ</rt></ruby>・<ruby>잡화<rt>チャプァ</rt></ruby>

韓国旅行で欠かせないショッピング。韓国オリジナルブランドから
プチプラなものまで幅広くトレンドが楽しめます。

★ 店員に聞く

<ruby>다른<rt>タルン</rt></ruby> <ruby>색도<rt>セクト</rt></ruby> <ruby>있어요<rt>イッソヨ</rt></ruby>?

ほかの色もありますか？

<ruby>좀<rt>チョム</rt></ruby> <ruby>볼<rt>ボル</rt></ruby> <ruby>수<rt>ス</rt></ruby> <ruby>있어요<rt>イッソヨ</rt></ruby>?

見せてもらえますか？

入れ替え

<ruby>좀<rt>チョム</rt></ruby> <ruby>큰<rt>クン</rt></ruby> <ruby>사이즈도<rt>サイジュド</rt></ruby>

大きいサイズも

<ruby>좀<rt>チョム</rt></ruby> <ruby>작은<rt>ジャグン</rt></ruby> <ruby>사이즈도<rt>サイジュド</rt></ruby>

小さいサイズも

<ruby>새<rt>セ</rt></ruby> <ruby>거도<rt>ゴド</rt></ruby>

新しいものも

<ruby>입어<rt>イボ</rt></ruby> <ruby>봐도<rt>ブァド</rt></ruby> <ruby>돼요<rt>ドェヨ</rt></ruby>?

試着してもいいですか？

<ruby>신어<rt>シノ</rt></ruby> <ruby>봐도<rt>ブァド</rt></ruby> <ruby>돼요<rt>ドェヨ</rt></ruby>?

履いてみてもいいですか？

★ 似合う・似合わない

(パンマル) <ruby>어울려<rt>オウルリョ</rt></ruby><ruby>요<rt>ヨ</rt></ruby>?

似合ってますか？(似合ってる？)

(パンマル) <ruby>사이즈가<rt>サイジュガ</rt></ruby> <ruby>안<rt>アン</rt></ruby> <ruby>맞아<rt>マジャ</rt></ruby><ruby>요<rt>ヨ</rt></ruby>.

サイズが合っていません。(サイズが合わない)

(パンマル) <ruby>좀<rt>チョム</rt></ruby> <ruby>화려하지<rt>ファリョハジ</rt></ruby> <ruby>않아<rt>アナ</rt></ruby><ruby>요<rt>ヨ</rt></ruby>?

派手じゃないですか？(派手じゃない？)

(パンマル) <ruby>잘<rt>チャル</rt></ruby> <ruby>어울려<rt>オウルリョ</rt></ruby><ruby>요<rt>ヨ</rt></ruby>.

似合っています。(似合ってるよ)

(パンマル) <ruby>딱이네<rt>タギネ</rt></ruby><ruby>요<rt>ヨ</rt></ruby>!

ぴったりですね！(ぴったりだね！)

(パンマル) <ruby>이건<rt>イゴン</rt></ruby> <ruby>언니<rt>オンニ</rt></ruby> <ruby>꺼다<rt>ッコダ</rt></ruby>.

すでに自分のものみたい。

「꺼다ッコダ」は
正しくは「거다 コダ」と
つづる。

☆ 買う・買わない

이거 주세요.
_{イゴ ジュセヨ}
これ、ください。

맘에 들어요!
_{マメ ドゥロ ヨ} (パンマル)
気に入りました！（気に入った！）
{ 直訳は「気に入っています」と現在形。}

(パンマル) **살까, 말까?**
_{サルッカ マルッカ}
買おうか、やめようか？

(パンマル) **이건 사야 돼.**
_{イゴン サヤ ドェ}
これは買わなきゃ。

(パンマル) **몇 개 사지?**
_{ミョッケ サジ}
何個買おうかな？

(パンマル) **다음에 사야지.**
_{タウメ サヤジ}
また今度、買おう。

(パンマル) **너무 많이 샀어.**
_{ノム マニ サッソ}
買いすぎた。

(요말) **너무 질렀어.**
_{ノム ジルロッソ}

(요말) **지름신 강림했어.**
_{チルムシン ガンニメッソ}
{「衝動買いの神様が降臨した」という意味。}

☆ 感想

(パンマル) **비싸지 않아?**
_{ピッサジ アナ}
高くない？

(パンマル) **와! 싸다!**
_{ワ ッサダ}
わ！安い！

(パンマル) **일본보다 싸다.**
_{イルボンボダ ッサダ}
日本より安い。

検索に使える #リスト

지하상가 _{チハサンガ} 地下街	**시장** _{シジャン} 市場	**백화점** _{ペクァジョム} デパート	**명동** _{ミョンドン} 明洞	**동대문** _{トンデムン} 東大門
쇼핑 _{ショピン} ショッピング	**충동구매** _{チュンドングメ} 衝動買い	**덤** _{トム} おまけ	**원 플러스 원** _{ウォンプルロス ウォン} おまけでもう1個	

※ハッシュタグに使う場合はスペース（わかち書き）を取ってください。

旅行 ─ 服・雑貨 ─ 옷・잡화 ─

お支払い 지불하기
<ruby>지<rt>チ</rt></ruby><ruby>불<rt>ブ</rt></ruby><ruby>하<rt>ラ</rt></ruby><ruby>기<rt>ギ</rt></ruby>

市場などでは値段を交渉しながらやりとりを楽しむのもいいですね。
帰り際にはあいさつして、気持ちよく店を後にしましょう。

★ 値段確認

이거 얼마예요?
イゴ オルマエヨ
これいくらですか？

이거 할인된 가격이에요?
イゴ ハリンドェン ガギョギエヨ
これって割引された価格ですか？

다 균일 가격이에요?
タ ギュニル カギョギエヨ
全部均一価格ですか？

진짜 이 가격 맞아요?
チンッチャ イ ガギョン マジャヨ
本当にこのお値段ですか？

★ 値段交渉

「ちょっと」のヨマル。

かわいく甘えたように言う。ただし、空気は読んで。

조금만 싸게 안 돼요?
チョグムマン ッサゲ アン ドェヨ
ちょっとだけ安くできませんか？

요말 쯤만
ッチョムマン

제발요.
チェバルリョ
ねえ、お願いです。

저희 멀리서 왔는데….
チョヒ モルリソ ワンヌンデ
私たち遠くから来たんですが…。

많이 살 테니까요….
マニ サル テニッカヨ
たくさん買いますので…。

★ 店員の返事

그럼 오백 원만 깎아 줄게요.
クロム オベグォンマン ッカッカ ジュルケヨ
じゃあ、500ウォンだけお値引きします。

더 이상은 안 돼요.
ト イサンウン アン ドェヨ
これ以上はできません。

이거도 깎은 거예요.
イゴド ッカックン ゴエヨ
これも値引きした値段なんですよ。

우리 집이 제일 싸요.
ウリ ジビ ジェイル ッサヨ
うちが一番安いんですよ。

★ 買わない理由

> 「카드도 돼요. カドゥドドゥェヨ
> (カードでもいいですよ)」と
> 言われるかもしれない。

^{パン}^{マル} 좀 비싸다….
^{チョム ビッサダ}
ちょっと高い…。

^{パン}^{マル} 지금 돈이 별로 없는데….
^{チグム ドニ ビョルロ オムヌンデ}
今あまりお金ないので…。

보기만 하는 거예요.
^{ボギマン ハヌン ゴエヨ}
見ているだけです。

> 失礼な表現では
> ないので、
> 覚えておくと◎。

좀 둘러보고 올게요.
^{チョム ドゥルロボゴ オルケヨ}
ほかの店もちょっと回ってきます。

★ 交換・修理

혹시 교환 되나요?
^{ホクシ ギョファン ドェナヨ}
交換できますか？

일본에서 수리 부탁할 수 있어요?
^{イルボネソ スリ ブタカル ス イッソヨ}
日本から修理をお願いできますか？

혹시 환불 되나요?
^{ホクシ ファンブル ドェナヨ}
払い戻しできますか？

수선 돼요?
^{スソン ドェヨ}
お直しはできますか？

> 「얼마예요? オルマエヨ(いくらですか?)」と
> 値段の確認を忘れずに。

返事 돼요. / 안 돼요.
^{トェヨ} ^{アン トェヨ}
できます。/ できません。

> いろいろ言われるかも
> しれないが、
> 「できる・できない」
> だけでも聞き取ろう。

★ お店を出るとき

예쁘게 입으세요.
^{イェップゲ イブセヨ}
かわいく着てください。

> 見送り時に言ってくれることがある。
> ぜひ返事をしてみて。

返事 네, 감사합니다.
^ネ ^{ガムサハムニダ}
はい、ありがとうございます。

返事 또 올게요.
^{ト オルケヨ}
また来ます。

返事 많이 파세요.
^{マニ パセヨ}
頑張ってください。

> 直訳は「たくさん売ってください」。
> 「또 오세요. トオセヨ(またお越しくださいませ)」
> と返してくれるかも。

ムォ　チャジュセヨ
뭐 찾으세요?
何かお探しですか？

チャル　オウルリョヨ
잘 어울려요.
似合っています。

商品について質問する

쿠션 팩트 있어요?

뭐가 잘 나가요?

解説

^{クッション ペクトゥ イッソヨ}
쿠션 팩트 있어요?
「クッションファンデはありますか?」。

^{ムォガ ジャルラガヨ}
뭐가 잘 나가요?
「何が売れていますか?」。

写真などを見せて聞く「이거 있어요?イゴ イッソヨ(これ、ありますか?)」も便利。

맘에 들어요.

다음에 사야지.

解説

^{マメ トゥロヨ}
맘에 들어요. 「気に入りました」。

^{タウメ サヤジ}
다음에 사야지. 「また今度、買おう」。

「気に入りました」はプレゼントをもらったときや、歌や作品などを褒めるときにも使えます。「요ヨ」を取ればパンマルに。

이거 얼마예요?

혹시 교환 되나요?

解説

^{イゴ オルマエヨ}
이거 얼마예요? 「これいくらですか?」。

^{ホクシ ギョファン ドェナヨ}
혹시 교환 되나요?
「交換できますか?」。

「これいくらですか?」は、発音も難しくないので自信を持って言ってみて。値段はメモや電卓で確認しましょう。

旅行 ―書いて覚える なりきり会話―

解答例

解答例

解答例

解答例

解答例

解答例

写真を撮る 사진 찍기

旅先でフォトジェニックな場所を見つけたら写真を撮りましょう。
店内などでは、撮影がOKかどうか確認しましょう。

★ 写真を撮る

사진 찍어도 돼요?
写真を撮ってもいいですか？
（写真撮ってもいい？）

사진 좀 찍어 주시겠어요?
写真を撮っていただけますか？

자, 하나, 둘, 셋! 〔直訳は「さぁ、1、2、3！」。〕
はい、チーズ！

다시 한 번만 찍어 주세요.
もう1回撮り直してください。

여기서 찍자. 요말 중 **여기서 한장 박자.**
ここで写真撮ろうよ。

少し荒っぽいが、女友達同士
でもよく使われる言い方。

知らない人に撮ってもらうことに
遠慮がちな日本人に対し、
遠慮なく納得いくまで
撮り直してもらうのが韓国人。

★ こだわって撮る

어떤 포즈로 할까?
どういうポーズで撮る？

이건 동영상이 나을까?
これは動画のほうがいいかな？

예쁘게 찍어 줘요.
かわいく撮ってください。（かわいく撮ってね）

조명발, 각도발 알지?
ベスポジ、わかってるよね？

앗! 눈 감았다!
あ！目をつぶっちゃった！

★ 美しさの表現

와! 예쁘다! 사진 찍어야지!
_{ワ イェップダ サジン ッチゴヤジ}
わぁ、きれい！写真撮らなきゃ！

入れ替え

멋지다!
_{モッチダ}
素敵！

아름답다!
_{アルムダプタ}
美しい！

> **文化 문화**
> 「예쁘다 イェップダ」は、かわいらしさのあるものや装飾品などに使い、「멋지다 モッチダ」はより壮大で立派なかっこいいものに使う。「아름답다 アルムダプタ」は、日本語の美しいとほぼ同じです。

★ 仕上がり

보정해야겠다.
_{ボジョンヘヤゲッタ}
加工しなきゃ。

맘에 안 들어!
_{マメ アン ドゥロ}
気に入らない！

웃기다!
_{ウッキダ}
ウケる！

뽀샵해 줘요.
_{ボシャペ ジュオ ヨ}
盛ってください。（盛ってね）

이거지!
_{イゴジ}
これだよ、これ！

아이돌인 줄!
_{アイドリン ジュル}
アイドルみたい！

検索に使える ＃リスト

보정 _{ボジョン} 画像加工	**뽀샵 / 포샵** _{ボシャブ ボシャブ} Photoshop	**파노라마** _{パノラマ} パノラマ	**흑백** _{フクペク} モノクロ
셀카 _{セルカ} 自撮り {「셀프 카메라 セルブ カメラ」の略。	**기념사진** _{キニョム サジン} 記念写真	**포토스폿 / 촬영 명소** _{ボトスポッ チュアリョン ミョンソ} フォトスポット	
커플샷 / 투샷 _{コブルシャッ トゥシャッ} ツーショット ツーショット （恋人同士・夫婦）（恋人同士・友達）	**셀카 어플** _{セルカ オブル} 自撮りアプリ	**인생샷** _{インセンシャッ} 奇跡の1枚 {直訳は「人生ショット」。 人生において長く残るほど、 その人がきれいによく映った写真。	

※ハッシュタグに使う場合はスペース（わかち書き）を取ってください。

体調・トラブル
モム サンテ トゥ ロ ブル
몸 상태·트러블

旅先で具合が悪くなったりトラブルに巻き込まれたりしたら心細いですね。
そんなときに役立つフレーズを集めています。

★ 痛いです

モリガ ア パ ヨ
머리가 아파요.

頭が痛いです。

> 困ったときは不調の場所を指して
> 「여기가ヨギガ(ここが)」と言おう。

入れ替え

ペガ	ホリガ	タリガ	ウィガ	モギ	ヨギガ
배가	**허리가**	**다리가**	**위가**	**목이**	**여기가**
お腹が	腰が	足が	胃が	喉が	ここが

ウ ク シ ヌ ク シ ネ ヨ
욱신욱신해요.

ズキズキします。

タックムッタックメヨ
따끔따끔해요.

ヒリヒリします。

オ ジェ ブ ト ヨ
어제부터요.

昨日からです。

ケ ソ ク ア パ ヨ
계속 아파요.

ずっとです。

> 直訳は「ずっと痛いです」。
> 韓国語では「ずっと」だけでは
> あまり言わない。

★ その他の症状

ソ ギ アン ジョ ア ヨ
속이 안 좋아요.

気持ちが悪いです。※吐き気がすること。

カ ム ギ ゴルリョッソヨ
감기 걸렸어요.

風邪をひきました。

コン ム リ ナ ヨ
콧물이 나요.

鼻水が出ます。

ヨ リ ナ ヨ
열이 나요.

熱があります。

キ チ ミ ナ ヨ
기침이 나요.

咳が出ます。

지병이 있어요.
_{チビョンイ イッソヨ}

持病があります。

알레르기가 있어요.
_{アルレルギガ イッソヨ}

アレルギーがあります。

★ けが

다쳤어요.
_{タチョッソヨ}

けがをしました。

부딪쳤어요.
_{ブディッチョッソヨ}

ぶつけました。

★ お願いする

좀 누워 있어도 될까요?
_{チョム ヌウォ イッソド ドェルッカヨ}

直訳は「ちょっと横になってもいいですか?」。

寝かせてください。

여기 누워도 돼요?
_{ヨギ ヌウォド ドェヨ}

ここに横になってもいいですか?

좀 쉬게 해 주세요.
_{チョム シュィゲ ヘ ジュセヨ}

少し休ませてください。

앉고 싶어요.
_{アンコ シポヨ}

座りたいです。

약 좀 주세요.
_{ヤク チョム ジュセヨ}

薬をください。

물 좀 주세요.
_{ムル ジョム ジュセヨ}

お水をください。

구급차 불러 주세요.
_{クグプチャ ブルロ ジュセヨ}

救急車を呼んでください。

움직이지 마세요.
_{ウムジギジ マセヨ}

動かないでください。

旅行 ―体調・トラブル―|몸 상태・트러블―

메모
気に入ったフレーズや
自分でみつけた単語などを
書き留めましょう

ハングル

ていねい・パンマル

意味

★ 回復後

ク ニャン ガムギヨッソヨ
그냥 감기였어요.
ただの風邪でした。

イ ジェ グェンチャナヨ
이제 괜찮아요.
もう大丈夫です。

コク チョン ッキ チョンネヨ
걱정 끼쳤네요.
心配かけました。

サ シル イブ ォ ネッッッソッッソ ヨ
사실 입원했었어요.
実は入院していたんです。

イ ジョンドロン ッ クットッ ゴッソヨ
이 정도론 끄떡없어요.
これぐらいは平気です。

ホンジャソ ハル ス イッソヨ
혼자서 할 수 있어요.
ひとりでできます。

タヘンイネヨ
다행이네요.
よかったです。

チ ナンボネ ドワジュショソ ガムサハムニダ
지난번에 도와주셔서 감사합니다. { 「先ほど」は「아까 アッカ」。
この前は助けていただいてありがとうございます。

> **文化**
> 文화
> 「다행이네요. タヘンイネヨ」は心配していたことがいい結果になったときに言う表現。類似表現として「잘됐네요. チャルドェンネヨ」がある。合格などのお祝い（普通の状態からプラスになったとき）には「잘됐네요. チャルドェンネヨ」、病気などの場合（マイナスの状態から普通へ）には「다행이네요. タヘンイネヨ」を使う。

★ 助ける

オディガ アン ジョウセヨ
어디가 안 좋으세요?
どうされましたか？

ウェ グロセヨ
왜 그러세요?
どうしましたか？

クェンチャヌセヨ
괜찮으세요?
大丈夫ですか？

 （反哺） **クェンチャナヨ**
괜찮아요.
大丈夫です。

オディ アプセヨ
어디 아프세요?
どこか具合が悪いですか？

 （反哺） **アニョ アナパヨ**
아뇨, 안 아파요.
いいえ、悪くありません。

ヤグン モゴッソヨ
약은 먹었어요? { 薬は「飲む」ではなく「食べる」と言う。
薬は飲みましたか？

ヌグ ブルロ オルッカヨ
누구 불러 올까요?
誰か呼んできますか？

★ 道に迷う

여기가 어디예요?
<small>ヨ ギ ガ　オ ディ エ ヨ</small>

ここはどこですか？

역이 어디예요?
<small>ヨ ギ　オ ディ エ ヨ</small>

駅はどこですか？

길을 잘 모르겠어요.
<small>キ ル ル　ジャ ル　モ ル ゲッ ソ ヨ</small>

道に迷いました。

> 直訳は「道がよくわかりません」。

잘못 탄 것 같아요.
<small>チャ ル モッ　タン　ゴッ　カ タ ヨ</small>

乗り間違えたみたいです。

★ ホテルにて

카드 키가 안 돼요.
<small>カ ドゥ　キ ガ　アン ドェ ヨ</small>

カードキーが使えません。

뜨거운 물이 안 나와요.
<small>トゥ ゴ ウン　ム リ　アン ナ ワ ヨ</small>

お湯が出ません。

너무 추워요.
<small>ノ ム　チュ ウォ ヨ</small>

とても寒いです。

너무 더워요.
<small>ノ ム　ド ウォ ヨ</small>

とても暑いです。

너무 시끄러워요.
<small>ノ ム　シック ロ ウォ ヨ</small>

すごくうるさいです。

와이파이 연결이 안 돼요.
<small>ワ イ パ イ　ヨン ギョ リ　アン ドェ ヨ</small>

Wi-Fiがつながりません。

★ 緊急事態

도와 주세요!
<small>ト ワ　ジュ セ ヨ</small>

助けてください！ ※手助けを呼ぶとき。

살려 주세요!
<small>サ ル リョ　ジュ セ ヨ</small>

助けてください！ ※命に関わる危機のとき。

신고해 주세요.
<small>シン ゴ ヘ　ジュ セ ヨ</small>

通報してください。

치한이에요!
<small>チ ア ニ エ ヨ</small>

痴漢です！

소매치기 당했어요.
<small>ソ メ チ ギ　ダン ヘッ ソ ヨ</small>

(スリに)すられました。

지갑을 잃어버렸어요.
<small>チ ガ ブ ル　イ ロ ボ リョッ ソ ヨ</small>

財布をなくしました。

はっきり言うのも友情の証

イゴ　イェップダ
이거 예쁘다!
これ、かわいい！

ハンボニボ　　ブァ
한번 입어 봐.
試着してみて。

ウン　ワンジョン　マメ　ドゥロ　クェンチャンネ
응. 완전 맘에 들어! 괜찮네!
うん。かなり気に入ってる！ これいいね！

 試着後

オッテ
어때?
どう？

イゴン　ニ　ッコネ
이건 니 꺼네.
これはあなたのものね。

チンッチャ　イゴルロ　ハルッカ
진짜? 이걸로 할까….
ほんとに？ これにしようかな…。

洋服でも化粧品でも韓国人は似合う、似合わないなど思ったことをはっきり言います。
傷つけるつもりなどまったくないので驚かないでください。

クンデ ジョム ッ トゥンットゥンヘ ボイヌンデ
근데 좀 뚱뚱해 보이는데.
でもちょっと太って見えるけど。

ムォ ウェ マルル グロケ ヘ
뭐? 왜 말을 그렇게 해?
え？ 何でそんなこと言うの？

ここをチェック！

洋服を試したいときは「입어 봐도 돼요? イボ ブァド ドェヨ（試着してみてもいいですか?）」、くつなど履き物の場合は「신어 봐도 돼요? シノ ブァド ドェヨ（履いてみてもいいですか?）」になります。ところで日本人はいろいろなものを「かわいい」という言葉で表現しますが、韓国語は気に入ったものに対して「괜찮네! クェンチャンネ」「이거 괜찮지? イゴ グェンチャンチ」のように「괜찮다 クェンチャンタ（大丈夫）」を「いいね」「これいいね」の意味でよく使います。

韓国人は、いいと思ったら具体的に褒めるより「질러. チルロ（買っちゃえ）」「이건 니 꺼네. イゴン ニッコネ（これはあなたのものね）」「이건 사야 돼. イゴン サヤドェ（これは買わなきゃ）」など、買うことを促す言葉をよく使います。

「太って見える」は「それを本当に買うの？ まぁいいけど」くらいの意味で言っています。自分が気に入ったなら買いましょう。これ以外にも「오늘 소개팅이라도 있어? オヌル ソゲティンイラド イッソ（今日は合コンでもあるの?）」「어디 결혼식장 가? オディ ギョロンシクチャン ガ（どこの結婚式場に行くの?）」などと言うこともあります。こんなときは、「その格好はあり得ない」と思っています。難しいですね。

書いて覚える なりきり会話

写真を撮りたいとき

왜 그러세요?
（ウェ グロセヨ）
どうしましたか？

괜찮으세요?
（クェンチャヌセヨ）
大丈夫ですか？

사진 찍어도 돼요?

사진 좀 찍어 주시겠어요?

解説

サジン ッチゴド ドェヨ
사진 찍어도 돼요?
「写真を撮ってもいいですか?」。

サジン ジョム ッチゴ ジュシゲッソヨ
사진 좀 찍어 주시겠어요?
「写真を撮っていただけますか?」。

「사진 サジン(写真)」を外せば動画の場合にも使えます。

배가 아파요.

속이 안 좋아요.

解説

ペガ アパヨ
배가 아파요. 「お腹が痛いです」。

ソギ アン ジョアヨ
속이 안 좋아요.
「気持ちが悪いです」。

「아파요. アパヨ(痛いです)」は、不調全般について言えます。悪いところを指さして言いましょう。

괜찮아요.

길을 잘 모르겠어요.

解説

クェンチャナヨ
괜찮아요. 「大丈夫です」。

キルル ジャル モルゲッソヨ
길을 잘 모르겠어요.
「道に迷いました」。

「괜찮아요. クェンチャナヨ」は、いろいろな場面で使えるとても便利な言葉です。ぜひ覚えて使ってみてください。

旅行 ——書いて覚える なりきり会話——

151

ヨマル一覧

本書で紹介した요말（ヨマル）をまとめ、音声を収録しています。
公式な場や年上の人には使えませんが、
仲良くなった同世代の人同士で使うと、ぐっと距離が縮まることでしょう。

ページ	日本語	요말（ヨマル）	正しい・元の言葉
18	こんにちは。	アンニョン 안뇽？	アンニョン 안녕？
18	久しぶり。	カンマニダ 간만이다.	オレガンマニエヨ 오래간만이에요.
23	感謝感謝！	カムシャカムシャ 캄샤캄샤！	カムサ　ガムサ 감사 감사！
25	ごめん！	ミャン 먄！	ミアン 미안！
26	OK！	オキ 오키！	オケイ 오케이！
	だからよ。	クニッカ　　　ネマリ 그니까. ／ 내말이.	クロニッカ 그러니까.
27	でしょ？	クジ 그지？	クロチ 그렇지？
29	はぁ。／うわぁ～。	アイグ　　　アゴゴ　　　エゴ 아이구. ／ 아고고. ／ 에고….	アイゴ 아이고～.
52	イチ推し作品	カンチュハヌン　　ジャクプム 강추하는 작품	カンニョクチュチョナヌン　　ジャクプム 강력추천하는 작품
54	超おもしろい！	ワンジョン　ックルジェム 완전 꿀잼！	ワンジョン　ジェミッソ 완전 재밌어！
	超つまんない。	ワンジョン　ノジェム 완전 노잼.	ノム　　ジェミオプタ 너무 재미없다.
56	ピカピカ	ピッカッポンッチョク 삐까뻔쩍	ポンッチョクポンッチョク 번쩍번쩍
	最低	クキョム 극혐	チンッチャ　ビホガム 진짜 비호감
58	当選祈願！	タンチョム　ソチュィ 당첨 소취！	チェバル　　ダンチョム　ドェッスミョン 제발 당첨 됐으면….
62	アンコール！	エンコル 앵콜！	アンコル 앙코르！
80	おめでとう！	チュカチュカ 추카추카！	チュカチュカ 축하축하！

80	すごいです！	チョロヨ 쩔어요！	テダネヨ 대단해요！
84	推しメン入隊決定…。	ナ ゴムシン ファクチョン 나 곰신 확정….	チュエガ イプテハンデ 최애가 입대한대…
95	世界一かっこいい。	セジェルモッ 세젤멋.	セサンエソ ジェイル モシッタ 세상에서 제일 멋있다.
	世界一かわいい。	セジェルリェ 세젤예.	セサンエソ ジェイル イェップダ 세상에서 제일 예쁘다.
	（かわいすぎて、 かっこよすぎて） 窒息注意	スムモッ チュウィ 숨멎 주의	スミ モジュル スド 숨이 멎을 수도 イッスニ ジュイハセヨ 있으니 주의하세요.
	信じられない かっこよさ （かわいさ）	ミチョッタ ミチョッソ ㅁㅊㄷㅁㅊㅇ	ミチョッタ ミチョッソ 미쳤다 미쳤어.
	かわいすぎます。	ノム イッポヨ 넘 이뻐요.	ノム イェッポヨ 너무 예뻐요.
109	いいね、コメント、 チャンネル登録、 通知設定 お願いします！	チョッテックアル 좋댓구알！	チョアヨ デックル グドク 좋아요, 댓글, 구독, アルリムソルチョン ブタクトゥリョヨ 알림설정 부탁드려요！
117	アイスアメリカーノ	アア 아아	アイスアメリカノ 아이스아메리카노
122	おいしい。	マシッタン 맛있당～	マシッタ 맛있다.
	おいしそう。	マシッケッタン 맛있겠당～	マシッケッタ 맛있겠다.
	それ、大っ嫌い！	クゴ ゲキョム 그거 극혐！	クゴ ジェイル シロ 그거 제일 싫어！
135	すっぴんみたい！	センオル ガタ 생얼 같아！	ミンナッ カタ 민낯 같아！
137	買いすぎた。	ノム ジルロッソ 너무 질렀어. チルムシン ガンニメッソ 지름신 강림했어.	ノム マニ サッソ 너무 많이 샀어.
138	ちょっと	チョムマン 쫌만	チョグムマン 조금만
142	ここで写真撮ろうよ。	ヨギソ ハンジャン バクチャ 여기서 한장 박자.	ヨギソ ッチクチャ 여기서 찍자.

ハングル入力法

本書で紹介したフレーズを使って SNS に書き込みをしたい場合、
どのように入力すればいいでしょうか。
ここでは、スマホを使った文字入力の方法を紹介します。

ハングルを入力できる環境にする

iphone

❶ 「設定」をタップ

❷ 「システム」☞「一般」☞「キーボード」☞「キーボード」をタップ

❸ 「新しいキーボードを追加」をタップ

❹ 「韓国語」をタップ

❺ 「標準」を選択。「10 キー」と両方選択してもよい

これで設定完了！

❻ 文字入力の際、地球儀マークをタップして「한국어（韓国語）」を選択する

Android

❶ Google Play ストアから Gboard をダウンロード

❷ 「システム」☞「設定」☞「他の設定」をタップ

❸ 「言語と入力」☞「仮想キーボード」☞「Gboard」をタップ

❹ 「言語」☞「キーボードを追加」をタップ

❺ 検索窓に「韓国語」と入力

❻ 「2 Bulsik」「テンキー」を選択し「完了」をタップ

これで設定完了！

❼ 文字入力の際、地球儀マークをタップして「한국어（韓国語）」を選択する

文字を入力する

標準

❶ 韓国語を選択すると左のキーボードが表示される。
「 ⇧ 」をクリックすると右のキーボードが表示される

❷ 12ページから紹介した文字の組み合わせに沿って選択していくと
入力したい文字が表示される

例 한국 なら、① ㅎ + ② ㅏ + ③ ㄴ ☞ **한** 、① ㄱ + ② ㅜ + ③ ㄱ ☞ **국** となる

「간격」は「スペース」のこと

10 キー

❶ 韓国語を選択すると左のキーボードが表示される

❷ 「ㄱㅋ」のキーを1回タップすると「ㄱ」、2回タップすると「ㅋ」、
3回タップすると「ㄲ」が入力される。フリック入力の場合、右の例のようになる

❸ 母音は「ㅣ」または「ㅡ」と「・」を組み合わせる。「ㅏ」なら「ㅣ」「・」と入力する

ハングル一覧 基本母音

	基本子音								
	ㄱ	ㄴ	ㄷ	ㄹ	ㅁ	ㅂ	ㅅ	ㅇ	ㅈ
ㅏ	가 カ	나 ナ	다 タ	라 ラ	마 マ	바 パ	사 サ	아 ア	자 チャ
ㅑ	갸 キャ	냐 ニャ	-	랴 リャ	먀 ミャ	-	샤 シャ	야 ヤ	쟈 チャ
ㅓ	거 コ	너 ノ	더 ト	러 ロ	머 モ	버 ポ	서 ソ	어 オ	저 チョ
ㅕ	겨 キョ	녀 ニョ	뎌 ティョ	려 リョ	며 ミョ	벼 ピョ	셔 ショ	여 ヨ	져 チョ
ㅗ	고 コ	노 ノ	도 ト	로 ロ	모 モ	보 ポ	소 ソ	오 オ	조 チョ
ㅛ	교 キョ	뇨 ニョ	-	료 リョ	묘 ミョ	-	쇼 ショ	요 ヨ	죠 チョ
ㅜ	구 ク	누 ヌ	두 トゥ	루 ル	무 ム	부 プ	수 ス	우 ウ	주 チュ
ㅠ	규 キュ	뉴 ニュ	듀 ティュ	류 リュ	뮤 ミュ	뷰 ピュ	슈 シュ	유 ユ	쥬 チュ
ㅡ	그 ク	느 ヌ	드 トゥ	르 ル	므 ム	브 プ	스 ス	으 ウ	즈 チュ
ㅣ	기 キ	니 ニ	디 ティ	리 リ	미 ミ	비 ピ	시 シ	이 イ	지 チ

基本子音、激音、濃音を基本母音と組み合わせたすべての文字一覧です。
※空欄になっているところは、実際には使われない文字です。
※これらの文字に、さらにパッチム（14 ページ）がついたものがあります。

| ㅎ | 激音 | | | | 濃音 | | | | |
	ㅋ	ㅌ	ㅍ	ㅊ	ㄲ	ㄸ	ㅃ	ㅆ	ㅉ
하 ハ	카 カ	타 タ	파 パ	차 チャ	까 ッカ	따 ッタ	빠 ッパ	싸 ッサ	짜 ッチャ
햐 ヒャ	캬 キャ	-	퍄 ピャ	챠 チャ	꺄 ッキャ	-	-	쌰 ッシャ	쨔 ッチャ
허 ホ	커 コ	터 ト	퍼 ポ	처 チョ	꺼 ッコ	떠 ット	뻐 ッポ	써 ッソ	쩌 ッチョ
혀 ヒョ	켜 キョ	텨 ティョ	펴 ピョ	쳐 チョ	껴 ッキョ	-	뼈 ッピョ	-	쪄 ッチョ
호 ホ	코 コ	토 ト	포 ポ	초 チョ	꼬 ッコ	또 ット	뽀 ッポ	쏘 ッソ	쪼 ッチョ
효 ヒョ	쿄 キョ	-	표 ピョ	쵸 チョ	-	-	뾰 ッピョ	쑈 ッショ	-
후 フ	쿠 ク	투 トゥ	푸 プ	추 チュ	꾸 ック	뚜 ットゥ	뿌 ップ	쑤 ッス	쭈 ッチュ
휴 ヒュ	큐 キュ	튜 ティュ	퓨 ピュ	츄 チュ	-	-	-	쓔 ッシュ	쮸 ッチュ
흐 フ	크 ク	트 トゥ	프 プ	츠 チュ	끄 ック	뜨 ットゥ	쁘 ップ	쓰 ッス	쯔 ッチュ
히 ヒ	키 キ	티 ティ	피 ピ	치 チ	끼 ッキ	띠 ッティ	삐 ッピ	씨 ッシ	찌 ッチ

ハングル一覧　複合母音

	基本子音								
	ㄱ	ㄴ	ㄷ	ㄹ	ㅁ	ㅂ	ㅅ	ㅇ	ㅈ
ㅐ	개 ケ	내 ネ	대 テ	래 レ	매 メ	배 ペ	새 セ	애 エ	재 チェ
ㅒ	걔 キェ	냬 ニェ	-	-	-	-	섀 シェ	얘 イェ	쟤 チェ
ㅔ	게 ケ	네 ネ	데 テ	레 レ	메 メ	베 ペ	세 セ	에 エ	제 チェ
ㅖ	계 キェ	녜 ニェ	-	례 リェ	-	-	셰 シェ	예 イェ	-
ㅘ	과 クァ	놔 ヌァ	-	-	-	봐 プァ	솨 スァ	와 ワ	좌 チュァ
ㅙ	괘 クェ	-	돼 トェ	-	-	봬 プェ	쇄 スェ	왜 ウェ	좨 チュェ
ㅚ	괴 クェ	뇌 ヌェ	되 トェ	뢰 ルェ	뫼 ムェ	뵈 プェ	쇠 スェ	외 ウェ	죄 チュェ
ㅝ	궈 クォ	눠 ヌォ	둬 トォ	뤄 ルォ	뭐 ムォ	-	숴 スォ	워 ウォ	줘 チュォ
ㅞ	궤 クェ	-	뒈 トェ	-	뭬 ムェ	-	쉐 スェ	웨 ウェ	-
ㅟ	귀 クィ	뉘 ヌィ	뒤 トゥィ	뤼 ルィ	뮈 ムィ	뷔 プィ	쉬 シュィ	위 ウィ	쥐 チュィ
ㅢ	-	늬 ヌィ	-	-	-	-	-	의 ウィ	-

| | 激音 | | | | 濃音 | | | | |
ㅎ	ㅋ	ㅌ	ㅍ	ㅊ	ㄲ	ㄸ	ㅃ	ㅆ	ㅉ
해 ヘ	캐 ケ	태 テ	패 ペ	채 チェ	깨 ッケ	때 ッテ	빼 ッペ	쌔 ッセ	째 ッチェ
-	-	-	-	-	-	-	-	-	-
헤 ヘ	케 ケ	테 テ	페 ペ	체 チェ	께 ッケ	떼 ッテ	뻬 ッペ	쎄 ッセ	쩨 ッチェ
혜 ヒェ	-	-	폐 ピェ	-	-	-	-	-	-
화 ファ	콰 クァ	-	-	촤 チュァ	꽈 ックァ	똬 ットァ	-	쏴 ッスァ	쫘 ッチュァ
홰 フェ	쾌 クェ	퇘 トェ	-	-	꽤 ックェ	뙈 ットェ	-	쐐 ッスェ	쫴 ッチュェ
회 フェ	쾨 クェ	퇴 トェ	푀 プェ	최 チュェ	꾀 ックェ	뙤 ットェ	-	쐬 ッスェ	쬐 ッチュェ
훠 フォ	쿼 クォ	-	-	춰 チュォ	꿔 ックォ	-	-	쒀 ッスォ	-
훼 フェ	퀘 クェ	퉤 トェ	-	췌 チュェ	꿰 ックェ	-	-	-	-
휘 フィ	퀴 クィ	튀 トゥィ	-	취 チュィ	뀌 ックィ	뛰 ットゥィ	-	-	-
희 フィ	-	티 トゥィ	-	-	-	띠 ットゥィ	-	씨 ッスィ	-

著者 **関 ソラ**（みん）
（名古屋大学国際言語センター
非常勤講師〈日本語〉）

あんざい 由紀恵（ゆきえ）
（韓国語学習書コーディネーター）

著者のインスタグラム
「세젤쉬한국말〔セジェルシ韓国語〕」
もご覧ください。

Staff

装丁・本文デザイン ★ mogmog Inc.

イラスト ★ ワダシノブ

編集協力 ★ (株)エディポック

校正 ★ (株)アル

ナレーター ★ イ・ミヒョン　イ・チュンギュン　水月優希

音声編集 ★ ELEC

3秒以内で言える　韓国語ひとこと練習帳

2021年7月5日　初版発行
2023年12月5日　第5刷発行

著　者　　関ソラ／あんざい由紀恵
発行者　　富　永　靖　弘
印刷所　　萩原印刷株式会社

発行所　東京都台東区　株式　**新星出版社**
　　　　台東2丁目24　会社
　　　　〒110-0016　☎03(3831)0743

ISBN978-4-405-01257-8